GIANFRANCO COSTA
HENRY GATEOR

Golf

Le regole in **300** fotografie a colori
Las reglas en **300** fotografías a color
Die Regeln in **300** Farbabbildungen

GOLF & RESORT SERVICES

TERZA EDIZIONE. TERCERA EDICION. DRITTE AUSGABE. 1997

Traduzione italiana-Traducción italiana-Italienische Übersetzung
Liliana Piastra, Gianfranco Costa

Traduzione tedesca-Traducción alemana-Deutsche Übersetzung
Doris Huwig-Menne

Copertina-Portada-Titelseite
Luis Martín Sorando

Depósito Legal: M. 7.389 - 1997
ISBN: 84-605-6093-7

© GOLF & RESORT SERVICES, S.L. - 1993-1994-1997
P.º de las Acacias, 12 - 28005 Madrid-España
Tel. (34)-1-4316748 - Fax (34)-1-577296
Tutti i diritti riservati - Reservados todos los derechos - Alle Rechte vorbehalten

STAMPATO IN SPAGNA - IMPRESO EN ESPAÑA - GEDRUCKT IN SPANIEN
ARTEGRAF, Industrias Gráficas, S.A. - Sebastián Gómez, 5 - 28026 MADRID

Sommario
Contenido
Inhalt

1 Definizioni e procedure
Definiciones y procedimientos
Definitionen und Verfahren   1

2 Cortesia sul campo
Cortesía en el campo
Etikette auf dem Platz   35

3 Sull'area di partenza
En el lugar de salida
Am Abschlag   45

4 Nel fairway
En la calle
Auf dem Fairway   53

5 Nel rough
En el rough
Im Rough   71

6 Nell'ostacolo d'acqua
En los obstáculos de agua
Im Wasserhindernis   87

7 Nel bunker
En los bunkers
Im Bunker   105

8 Nell'avant-green
En el antegreen
Auf dem Vorgrün   121

9 Sul green
En el green
Auf dem Grün   129

10 In altre situazioni
En otras situaciones
In anderen Situationen   147

Indice italiano   165
Indice español   171
Deutscher index   177

Presentazione
Presentación
Einführung

Da tempo avevo in mente qualcosa di simile a questo libro e mi proponevo di colmare il vuoto con una pubblicazione di facile lettura, ben conoscendo la difficoltà d'interpretazione delle regole e la pigrizia dei golfisti. Quando l'amico Henry Gateor mi ha proposto di collaborare all'edizione italiana di **"Golf: Le regole in 300 fotografie a colori"**, ho accettato con entusiasmo convinto di contribuire a rendere più comprensibili le regole, aumentarne la diffusione e la conoscenza.

Ne consiglio senz'altro la lettura; il golfista potrà migliorare il propio gioco imparando le corrette procedure e l'utilizzazione delle regole nella legalità. Se è vero infatti che il gioco finisce laddove finiscono le regole, è altrettanto vero che la loro conoscenza consente di trarre quei legittimi vantaggi che le stesse prevedono per le diverse situazioni nelle quali è consentito ovviare alle interferenze.

Voglio ringraziare della collaborazione avuta tutti quei giocatori e quelle giocatrici che hanno reso possibile le illustrazioni fotografiche del libro, così come per i loro preziosi consigli e suggerimenti.

Hace ya tiempo que tenía en mente hacer algo parecido a este libro y era mi intención colmar el vacío existente con una publicación fácil de leer, aun conociendo la dificultad que entraña la interpretación de las reglas y la pereza de los golfistas. Cuando mi amigo Henry Gateor me propuso colaborar en la edición italiana de **"Golf: Las reglas en 300 fotografías a color"**, acepté entusiasmado, seguro de que contribuiría a hacer que las reglas resultaran más comprensibles, a aumentar su difusión y su conocimiento.

Aconsejo incondicionalmente la lectura del libro; el golfista, al aprender el procedimiento correcto, podrá mejorar su propio juego y sabrá cómo utilizar las reglas dentro de la legalidad. De hecho, si es cierto que el juego acaba donde acaban las reglas, también es cierto que su conocimiento permite lograr las ventajas legítimas que en éstas se prevén para las distintas situaciones en las que está permitido evitar las interferencias.

Presentazione
Presentación
Einführung

Deseo agradecer la ayuda prestada por todos aquellos jugadores y jugadoras que han hecho posible las ilustraciones fotográficas del libro, así como por sus valiosos consejos y sugerencias.

Einige Zeit schon befaßte ich mich mit dem Gedanken, etwas Ähnliches wie dieses Buch zu machen. In Anbetracht der Schwierigkeit, die die Interpretation der Regeln mit sich bringt, und der Trägheit der Golfspieler, war es meine Absicht, das vorhandene Vakuum mit einer Veröffentlichung zu füllen, die leicht zu lesen ist. Als mein Freund Henry Gateor mir vorschlug, bei der italienischen Ausgabe von **"Golf: Die Regeln in 300 Farbabbildungen"** mitzuwirken, nahm ich begeistert an. Ich war sicher, damit zum größeren Verständnis der Regeln und zu ihrer verstärkten Verbreitung und Kenntnis beitragen zu können.

Ich empfehle unbedingt die Lektüre des Buches; der Golfspieler kann beim Erlernen der richtigen Verfahrensweise sein eigenes Spiel verbessern, und er weiß, wie die Regeln innerhalb der Gesetzmäßigkeit anzuwenden sind. In der Tat ist sicher, daß das Spiel aufhört, wo die Regeln enden; es ist auch sicher, daß das Kennen der Regeln gestattet, die legitimen Vorteile zu erlangen, die darin für die verschieden Situationen vorgesehen sind, in denen die Vermeidung von Interferenzen erlaubt ist.

All jenen Spielerinnen und Spielern, durch die die fotografischen Illustrationen in diesem Buch erst ermöglicht worden sind, danke ich für ihre geleistete Unterstützung ebenso wie für ihre wertvollen Ratschläge und Empfehlungen.

Gianfranco Costa
Garlenda, Gennaio 1997

Suggerimenti per l'utilizzo di questo libro
Sugerencias para la utilización de este libro
Empfehlungen zum Gebrauch dieses Buches

Il contenuto del libro è riferito alle due modalità di gioco principali, Stroke Play (gara a colpi) e Match Play (gara a buche). Quando c'è qualche differenza tra le due modalità, questa viene segnalata specificamente per il Match Play. Quando una data situazione comporta una penalità, senza però specificare il numero di colpi, s'intende che verrà applicata la penalità generale, che è di due colpi in Stroke Play e perdita della buca in Match Play. Per le altre modalità di gioco, la maggior parte delle situazioni riprese nel libro sono valide, anche se ci sono alcune differenze che non sono state riprese, ragion per cui, per una maggiore esattezza, il lettore dovrà consultare le Regole Ufficiali di Golf.

Per facilitare l'individuazione delle diverse situazioni esposte nel libro, questo è stato diviso in capitoli, corrispondenti ai diversi luoghi del campo di gioco dove si può trovare il giocatore, tali come l'area di partenza, il percorso, il rough, gli ostacoli d'acqua, i bunkers, l'avant-green, il green ed alte situazioni diverse da quelle precedenti. Questi capitoli sono preceduti da altri due, destinati alle definizioni, alle procedure ed alla cortesia sul campo. Un indice alfabetico alla fine del libro, in italiano, spagnolo e tedesco, consente di cercare facilmente i termini desiderati.

El contenido del libro se refiere a las dos modalidades de juego principales, Stroke Play (juego por golpes) y Match Play (juego por hoyos). Cuando existe alguna diferencia entre ambas modalidades, ésta se señala específicamente para la modalidad de Match Play. Cuando una determinada situación entraña una penalidad sin que se especifique el número de golpes, hay que entender que se aplica la penalidad general, que es de dos golpes en Stroke Play y de pérdida de hoyo en Match Play. Para otras modalidades de juego, la mayoría de las situaciones que se recogen en el libro son válidas, aunque existen algunas diferencias que no están recogidas en el mismo, por lo que, para mayor precisión, el lector deberá consultar las Reglas Oficiales de Golf.

Para facilitar la localización de las diferentes situaciones que se exponen en el libro, éste se ha dividido en capítulos correspondientes a los diferentes lugares del campo en los que puede encontrarse el jugador, tales como el lugar de salida, la calle, el rough, los obstáculos de agua, los bunkers, el antegreen, el green y otras situaciones no

Suggerimenti per l'utilizzo di questo libro
Sugerencias para la utilización de este libro
Empfehlungen zum Gebrauch dieses Buches

contempladas en las anteriores. Estos capítulos están precedidos de otros dos destinados a definiciones y procedimientos y a la cortesía en el campo. Un índice alfabético al final del libro, en italiano, español y alemán, permite buscar con facilidad los términos deseados.

Der Inhalt dieses Buches bezieht sich auf die Modalitäten der wichtigsten Spielarten, Stroke Play (Zählspiel) und Match Play (Lochspiel). Im Falle von Unterschieden zwischen den beiden Spielarten werden die für das Lochspiel spezifischen Unterschiede benannt. Wenn eine bestimmte Situation eine Strafe mit sich bringt, ohne daß die Anzahl der Schläge spezifiziert wird, wird die allgemeine Strafregel angewandt, d.h. zwei Strafschläge bei Stroke Play und Lochverlust bei Match Play. Für andere Spielmodalitäten hat die Mehrzahl der in diesem Buch dargestellten Situationen Gültigkeit, obwohl einige Unterschiede bestehen, die hier nicht angegeben sind. In diesen Fällen sollte der Leser zur größeren Präzisierung die offiziellen Golf-Regeln zu Rate ziehen.

Zum leichteren Auffinden der verschiedenen dargestellten Situationen wurde dieses Buch in Kapitel eingeteilt, und zwar mit Rücksicht auf die unterschiedlichen Situationen, in denen sich der Spieler auf dem Platz befinden kann: der Abschlag, das Fairway, das Rough, Wasserhindernisse, Bunker, das Vorgrün, das Grün und andere, vorher nicht erklärte Situationen. Diesen Kapiteln gehen zwei andere voraus, die den Definitionen und den Verfahren sowie der Golfetikette auf dem Platz gewidmet sind. Eine alphabetische Inhaltsangabe am Ende des Buches in italienischer, spanischer und deutscher Sprache erlaubt ein leichtes Finden der gewünschten Informationen.

Definizioni e procedure
Definiciones y procedimientos
Definitionen und Verfahren

1
Definizioni e procedure
Definiciones y procedimientos
Definitionen und Verfahren

Definizioni e procedure
Definiciones y procedimientos
Definitionen und Verfahren

Ostruzioni
Un'ostruzione è qualunque cosa artificiale, come, ad esempio, un irrigatore, una fontana, un sentiero artificiale, ecc. (ostruzioni inamovibili), un rastrello, un panino, una visiera da golf (ostruzioni movibili), eccetto:
- Gli oggetti che definiscono il fuori limite, quali muri, recinzioni, paletti e cancellate.
- Qualunque parte di un oggetto artificiale e inamovibile che si trovi fuori limite.
- Qualsiasi costruzione che il Comitato dichiari essere parte integrante del campo di gioco.

Obstrucciones
Están formadas por cualquier cosa artificial, tal como un aspersor, una fuente, un camino artificial, etc. (obstrucciones inamovibles), un rastrillo, un bocadillo, una visera de golf, etc (obstrucciones movibles), excepto:
- Los objetos utilizados para definir el fuera de límites, tales como paredes, cercas, estacas y verjas.
- Cualquier parte de un objeto artificial fijo que esté situado fuera de límites.
- Cualquier construcción que sea declarada por el Comité como parte integrante del campo.

Hemmnisse
Sie sind alles Künstliche, wie z.B. ein Rasensprenger, ein Brunnen, ein künstlicher Weg usw. (unbewegliche Hemmnisse), ein Rechen, ein Sandwich, ein Golf-Visor usw. (bewegliche Hemmnisse), ausgenommen:
- Gegenstände zum Bezeichnen des Aus wie Mauern, Zäune, Pfosten und Geländer;
- Jeglicher im Aus befindlicher Bestandteil eines unbeweglichen künstlichen Gegenstandes;
- Jegliche von der Spielleitung zum Bestandteil des Platzes erklärte Anlage.

Definizioni e procedure
Definiciones y procedimientos
Definitionen und Verfahren

Impedimenti sciolti
Sono formati da cose naturali che non sono fisse o vegetanti né solidamente infossate o aderenti alla palla, come, ad esempio, pietre, ramoscelli, foglie, rami e simili, sterco, vermi e insetti ed il terreno smosso o ammucchiato da loro. La sabbia ed il terreno sparso vengono considerati impedimenti sciolti nel green, ma non nel resto del campo. La neve e il ghiaccio naturale possono essere considerati impedimenti sciolti o acqua occasionale a scelta del giocatore.

Impedimentos sueltos
Están formados por cosas naturales que no estén fijas o en crecimiento, ni sólidamente empotradas ni adheridas a la bola, tales como piedras, leña menuda, hojas, ramas y similares, estiércol, gusanos e insectos y desechos o montones formados por ellos. La arena y la tierra suelta se consideran impedimentos sueltos en el green, pero no en el resto del campo. La nieve y el hielo natural pueden ser considerados también como impedimentos sueltos o como agua accidental a elección del jugador.

Lose hinderliche Naturstoffe
Sie sind natürliche Gegenstände, die weder befestigt noch angewachsen sind, nicht fest eingebettet sind und auch nicht am Ball haften, wie Steine, kleine Äste, Blätter, Zweige und Ähnliches, Kot, Würmer und Insekten sowie Ausgeworfenes oder Haufen von ihnen. Sand und loses Erdreich sind auf dem Grün, jedoch nirgendwo sonst, lose hinderliche Naturstoffe. Schnee und natürliches Eis können ebenfalls als lose hinderliche Naturstoffe oder als zeitweiliges Wasser betrachtet werden, je nach Ansicht des Spielers.

Ostacoli
Sono formati dai bunkers e dagli ostacoli d'acqua.

Obstáculos
Están formados por los bunkers y los obstáculos de agua.

Hindernisse
Darunter versteht man Bunker und Wasserhindernisse.

Definizioni e procedure
Definiciones y procedimientos
Definitionen und Verfahren

Ostacoli d'acqua
Sono formati da qualsiasi braccio di mare, lago, stagno, fiume, fosso, i drenaggi ed i corsi d'acqua scoperti (sia che contengano acqua o meno) e qualunque altra cosa di natura simile. Gli ostacoli vengono definiti laterali quando non è possibile, o così è ritenuto da parte del Comitato, droppare una palla dietro l'ostacolo, conformemente alle Regole. I loro limiti dovrebbero essere segnalati mediante paletti o linee rosse. Gli altri ostacoli d'acqua dovrebbero essere segnalati mediante paletti o linee gialle. I paletti e le linee che definiscono i limiti degli ostacoli d'acqua vengono considerati all'interno di essi. La linea di demarcazione di un ostacolo d'acqua si estende verticalmente verso l'alto e verso il basso.

Obstáculos de agua
Están formados por cualquier parte de mar, lago, estanque, río, zanja, zanja superficial de drenaje, cauces de agua a cielo abierto (contegan o no agua) y cualquier otra cosa de naturaleza similar. Los obstáculos se denominan laterales cuando no es posible, o que a juicio del Comité resulte impracticable, dropar una bola detrás del obstáculo de acuerdo con las Reglas. Sus límites deberían estar definidos con estacas o líneas rojas. Los demás obstáculos de agua deberían definirse con estacas o líneas amarillas. Las estacas y las líneas que definen los límites de los obstáculos de agua se consideran dentro de los mismos. Los márgenes de los obstáculos de agua se extienden verticalmente hacia arriba y hacia abajo.

Wasserhindernisse
Ein Wasserhindernis ist jedes Meer, jeder See, Teich, Fluß, Graben, Abzugsgraben, offene Wasserläufe (Wasser enthaltend oder nicht) und alles Ähnliche. Seitliche Wasserhindernisse werden solche genannt, an denen es auf Grund ihrer Lage nicht möglich oder nach Auffassung der Spielleitung undurchführbar ist, einen Ball in Übereinstimmung mit den Regeln hinter dem Wasserhindernis fallenzulassen. Seitliche Wasserhindernisse sollten durch rote Pfosten oder Linien gekennzeichnet sein. Andere Wasserhindernisse sollten durch gelbe Pfosten oder Linien bezeichnet sein. Pfosten und Linien, die die Grenzen eines Wasserhindernisses bezeichnen, sind als Teil des Hindernisses zu betrachten. Ein Wasserhindernis erstreckt sich von den Grenzen senkrecht nach oben und nach unten.

Definizioni e procedure
Definiciones y procedimientos
Definitionen und Verfahren

Bunker
Un bunker e un'area preparata di terreno, spesso una depressione, coperta di sabbia. La superficie erbosa che circonda un bunker, o le eventuali isole esistenti all'interno, non ne fanno parte. I margini del bunker si estendono verticalmente verso il basso ma non verso l'alto.

Bunkers
Son zonas preparadas, generalmente en terreno en depresión, cubiertas por arena. El césped que bordea los bunkers, o las posibles islas existentes dentro de ellos, no son parte de los mismos. Los límites de los bunkers se extienden verticalmente hacia abajo, pero no hacia arriba.

Bunker
Die Bunker sind besonders hergerichtete, normalerweise vertiefte, mit Sand bedeckte Bodenstellen. Gras an den Bunkerrändern oder auf möglichen Inseln im Bunker sind nicht Bestandteil desselben. Ein Bunker erstreckt sich von den Grenzen senkrecht nach unten, aber nicht nach oben.

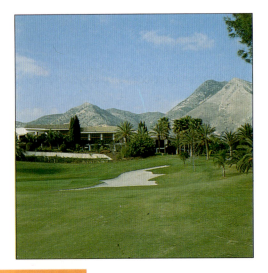

Percorso
Il percorso è qualunque parte del campo di gioco, eccetto l'area di partenza e il green della buca che si sta giocando, tutti i bunkers e tutti gli ostacoli d'acqua.

Recorrido
Es cualquier parte del campo de golf que no sea el lugar de salida y el green del hoyo que se está jugando, así como tampoco los bunkers ni los obstáculos de agua.

Gelände
Gelände ist die gesamte Fläche des Platzes, ausgenommen Abschlag und Grün des zu spielenden Loches sowie Bunker und Wasserhindernisse auf dem Platz.

Definizioni e procedure
Definiciones y procedimientos
Definitionen und Verfahren

Condizioni anormali del terreno
Sono considerate condizioni anormali del terreno l'acqua occasionale (al di fuori di un ostacolo d'acqua), il terreno in riparazione e le buche, il terreno ammucchiato oppure tracce fatte da un animale scavatore, da un rettile o da un uccello. Quando una palla giace o tocca una di queste condizioni sul campo di gioco o quando una di queste condizioni interferisce con la posizione dei piedi del giocatore o con l'area del movimento che intende effettuare, il giocatore può ovviare a detta interferenza senza penalità.

Condiciones anormales del terreno
Están formadas por la existencia de agua accidental (fuera de un obstáculo de agua), por la existencia de un terreno marcado o considerado por el Comité como terreno en reparación y por la existencia de un agujero, desecho o senda hecho por un animal de madriguera, un reptil o un pájaro. Un jugador que se encuentra en esta situación puede aliviarse de ella sin penalidad, cuando su bola toca o reposa en este terreno, cuando estas condiciones dificultan su colocación o la ejecución de su swing.

Ungewöhnliche Bodenverhältnisse
Ein ungewöhnliches Bodenverhältnis ist gegeben bei zeitweiligem Wasser (außerhalb eines Wasserhindernisses), bei einem auf Anordnung der Spielleitung gekennzeichneten oder als Boden in Ausbesserung erklärten Teil des Platzes oder bei der Existenz eines Loches, Aufgeworfenem oder der Laufspur eines Erdgänge grabenden Tieres, eines Reptils oder eines Vogels. Ein Spieler, der sich in dieser Situation befindet, darf straflose Erleichterung in Anspruch nehmen, wenn sein Ball an einer solchen Stelle liegenbleibt oder sie berührt, oder wenn ein solcher Umstand die Standposition des Spielers oder die Ausführung seines Schwungs behindert.

Definizioni e procedure
Definiciones y procedimientos
Definitionen und Verfahren

Acqua occasionale
E'qualsiasi ristagno temporaneo di acqua sul campo di gioco (che non si trovi entro i limiti di un ostacolo d'acqua), visibile prima o dopo che il giocatore abbia preso la posizione dei piedi. La neve e il ghiaccio naturale sono acqua occasionale o impedimenti sciolti a scelta del giocatore.

Agua accidental
Es la acumulación temporal de agua en el campo (que no esté en un obstáculo de agua), ya sea de lluvia, riego o de cualquier otra procedencia, que sea visible antes o después de que el jugador se coloque a su bola. La nieve y el hielo natural pueden ser consideradas a elección del jugador como agua accidental o como impedimentos sueltos.

Zeitweiliges Wasser
Dies ist jede vorübergehende Wasseransammlung auf dem Platz (außerhalb eines Wasserhindernisses), sei es vom Regen, Sprengen oder jedweder anderen Ursache, die sichtbar zutage tritt, bevor oder nachdem der Spieler seine Standposition bezogen hat. Schnee oder Eis können nach Wahl des Spielers als zeitweiliges Wasser oder lose hinderliche Naturstoffe erklärt werden.

Terreno en reparación
Es aquella parte del campo marcada o declarada como tal por el Comité. Incluye material apilado para ser retirado y cualquier hoyo hecho por un cuidador del campo, incluso no estando marcado como tal. Normalmente está marcado con estacas azules o líneas blancas. Los límites de un terreno en reparación se extienden verticalmente hacia abajo, pero no hacia arriba.

Terreno in riparazione
Terreno in riparazione è qualsiasi parte del campo di gioco così indicata per ordine del Comitato. Comprende materiale accatastato da rimuovere e qualunque buca scavata da un operaio del campo, anche se non marcata come tale. Normalmente viene delimitato mediante paletti azzurri o linee bianche. I limiti del terreno in riparazione si estendono verticalmente verso il basso ma non verso l'alto.

Boden in Ausbesserung
Es ist jener Teil des Platzes, der von der Spielleitung als solcher gekennzeichnet oder dazu erklärt worden ist. Eingeschlossen sind zur Beseitigung angehäuftes Material und von Platzpflegern gegrabene Löcher, auch wenn sie nicht besonders gekennzeichnet sind. Normalerweise ist Boden in Ausbesserung durch blaue Pfosten oder weiße Linien markiert. Boden in Ausbesserung erstreckt sich von den Grenzen senkrecht nach unten, aber nicht nach oben.

Definizioni e procedure
Definiciones y procedimientos
Definitionen und Verfahren

Fuori limite
Fuori limite è il terreno sul quale è proibito giocare. Quando il fuori limite è definito da una recinzione o da paletti singoli o è oltre alla recinzione o ai paletti, la linea del fuori limite è determinata dai punti interni più vicini dei pali della recinzione o dei paletti presi a livello del terreno, esclusi i supporti angolati. Quando il fuori limite è indicato da una linea sul terreno, la linea stessa è fuori limite. Una palla è fuori limite quando si trova interamente al di fuori del limite del campo. La linea che determina il fuori limite si estende verticalmente verso l'alto e verso il basso. Se una palla giace entro i limiti del campo di gioco, un giocatore può prendere posizione fuori limite per giocarla.
Nella fotografia a sinistra le palle gialle sono fuori limite, ma non quelle bianche. Nella fotografia a destra la palla bianca è fuori limite.

Fuera de límites
Es aquel terreno donde el juego está prohibido. Cuando el fuera de límites está indicado por estacas o postes de cercas, la línea de fuera de límites está definida por los lados más cercanos al campo de esas estacas o postes al nivel del suelo. Si la línea de fuera de límites está señalizada en el suelo, la propia línea está fuera de límites. Una bola está fuera de límites cuando toda ella reposa fuera de límites. La línea que define el fuera de límites se extiende verticalmente hacia arriba y hacia abajo. Si la bola reposa dentro de los límites del campo, el jugador puede colocarse fuera de límites para jugar su bola.
En la fotografía de la izquierda las bolas amarillas están fuera de límites, pero no las blancas. En la fotografía de la derecha la bola blanca está fuera de límites.

Aus
Aus ist Boden, auf dem nicht gespielt werden darf. Wird Aus durch Pfosten oder Zaunpfähle gekennzeichnet, so verläuft die Auslinie auf dem Boden entlang der Seiten der Pfosten und Zaunpfähle, die dem Platz am nächsten sind. Wird Aus durch eine Bodenlinie bezeichnet, so liegt die Linie selbst im Aus. Ein Ball ist im Aus, wenn er ganz im Aus liegt. Eine Linie, die das Aus definiert, erstreckt sich senkrecht nach oben und nach unten. Liegt ein Ball nicht im Aus, darf der Spieler im Aus stehen, um seinen Ball zu spielen.
In der linken Fotografie liegen die gelben Bälle im Aus, die weißen nicht. In der rechten Fotografie befindet sich der weiße Ball im Aus.

Definizioni e procedure
Definiciones y procedimientos
Definitionen und Verfahren

Linea di gioco
La linea di gioco è la direzione che il giocatore vuol dare alla sua palla con un colpo, più una ragionevole distanza su entrambi i lati della direzione designata. La linea di gioco si estende dal terreno verticalmente verso l'alto, ma non oltre la buca.

Línea de juego
Es la línea por la que el jugador desea que vaya su bola al ejecutar un golpe. Esta línea va desde la posición de la bola hasta el agujero, incluyendo una distancia razonable a ambos lados de la línea deseada.

Spiellinie
Spiellinie ist die Richtung, welche nach Absicht des Spielers sein Ball nach einem Schlag nehmen soll. Diese Linie führt von der Position des Balls bis zum Loch und schließt einen angemessenen Abstand beiderseits der beabsichtigten Richtung ein.

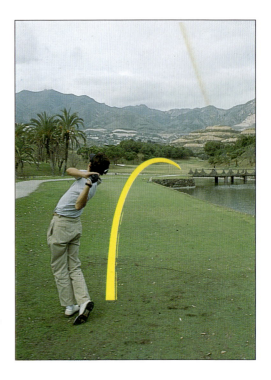

Linea del putt
La linea del putt è la linea che il giocatore intende dare alla sua palla giocando sul green. La linea del putt, salvo eccezioni, comprende una ragionevole distanza su entrambi i lati della linea designata. La linea del putt non si estende oltre la buca.

Línea de putt
Es la línea por la que el jugador desea que vaya su bola al ejecutar un golpe en el green. Esta línea va desde la posición de la bola hasta el agujero, incluyendo una distancia razonable a ambos lados de la línea deseada.

Puttlinie
Puttlinie ist die Linie, welche nach der Absicht des Spielers sein Ball nach einem auf dem Grün gespielten Schlag nehmen soll. Diese Linie erstreckt sich von der Position des Balls bis zum Loch und schließt einen angemessenen Abstand beiderseits der beabsichtigten Linie ein.

Definizioni e procedure
Definiciones y procedimientos
Definitionen und Verfahren

Palla persa
Una palla è considerata persa in una delle seguenti situazioni:
- Quando non è trovata o identificata come propria dal giocatore entro cinque minuti dal momento in cui ne abbia iniziato la ricerca.
- Quando il giocatore ha messo in gioco un'altra palla, secondo quanto disposto dalle Regole, anche se egli non ha ricercato la palla originaria.
- Quando il giocatore ha giocato qualsiasi colpo con una palla provvisoria dal posto dove è probabile che si trovi la palla originaria o da un punto più vicino alla buca di tale posto.

Bola perdida
Una bola se considera perdida en alguna de las siguientes situaciones:
- Cuando la bola no es encontrada o identificada como suya por el jugador dentro de cinco minutos desde el comienzo de su búsqueda.
- Cuando el jugador pone otra bola en juego de acuerdo con las Reglas, aunque no haya buscado la bola original.
- Cuando el jugador ha efectuado un golpe con una bola provisional, desde el sitio donde se supone que está la bola original o desde un punto más cercano al agujero que ese sitio.

Verlorener Ball
Ein Ball gilt in einer der folgenden Situationen als verloren:
- Wenn binnen fünf Minuten nach Beginn der Suche der Ball nicht gefunden oder vom Spieler nicht als sein eigener identifiziert ist.
- Wenn der Spieler gemäß den Regeln einen anderen Ball ins Spiel gebracht hat, ohne nach dem ursprünglichen gesucht zu haben.
- Wenn der Spieler einen Schlag mit einem provisorischen Ball gespielt hat von dem Ort, wo sich der ursprüngliche Ball vermutlich befindet, oder von einem Punkt, der näher zum Loch liegt als dieser Ort.

Palla inservibile al gioco
Una palla viene considerata inservibile al gioco e può essere sostituita, quando sia visibilmente tagliata, incrinata o cambiata di forma.

Bola inservible para el juego
Se considera que la bola está inservible para el juego y puede ser sustituida por otra, cuando está visiblemente cortada, rajada o deformada.

Ball spielunbrauchbar
Ein Ball ist spielunbrauchbar und kann durch einen anderen ersetzt werden, wenn er sichtbar eingekerbt, zerschlagen oder verformt ist.

Definizioni e procedure
Definiciones y procedimientos
Definitionen und Verfahren

Palla provvisoria
Se un giocatore considera che la sua palla possa essere persa fuori da un ostacolo d'acqua o che questa possa trovarsi fuori limite, per risparmiare tempo può giocare una palla provvisoria dal punto dove ha giocato la palla precedente. Il giocatore deve informare il suo marcatore delle proprie intenzioni. Se la palla originaria non viene ritrovata entro cinque minuti dal momento in cui si inizia a cercarla, il giocatore dovrà giocare la palla provvisoria, con la penalità di un colpo.

Bola provisional
Cuando un jugador considera que su bola puede haberse perdido fuera de un obstáculo de agua o que ésta puede estar fuera de límites, éste para ahorrar tiempo puede jugar una bola provisional desde el mismo sitio que jugó la bola anterior. El jugador debe informar de su intención a su marcador. Si la primera bola no apareciera en un plazo de cinco minutos, desde que se inicia la búsqueda, el jugador deberá jugar la bola provisional añadiendo un golpe de penalidad a los realizados.

Provisorischer Ball
Glaubt ein Spieler, daß sein Ball außerhalb eines Wasserhindernisses verloren oder im Aus ist, darf er zur Zeitersparnis von der Stelle, wo der ursprüngliche Ball gespielt worden ist, einen provisorischen Ball spielen. Der Spieler muß seinen Zähler von seiner Absicht unterrichten. Wird der ursprüngliche Ball nicht innerhalb von fünf Minuten von Beginn der Suche an gefunden, muß der Spieler den provisorischen Ball unter Hinzurechnung eines Strafschlags weiterspielen.

Marcare la posizione di una palla
Consiste nel porre un marca-palla, una piccola moneta o qualunque altro oggetto, subito dietro la palla.

Marcar la posición de una bola
Consiste en colocar un marcador, una pequeña moneda u otro objeto similar inmediatamente detrás de la bola.

Markierung des Balls
Die Lage eines Balls wird durch einen Ballmarker, eine kleine Münze oder einen ähnlichen Gegenstand unmittelbar hinter dem Ball gekennzeichnet.

Definizioni e procedure
Definiciones y procedimientos
Definitionen und Verfahren

Alzare la palla
Quando una palla deve essere alzata, conformemente alle Regole, sarà il giocatore, il suo partner o qualunque altra persona autorizzata dal giocatore a farlo. Se la palla deve essere ripiazzata, prima di alzarla bisognerà marcarla, se non viene marcata si incorrerà nella penalità di un colpo.

Levantar una bola
Cuando una bola tiene que ser levantada de acuerdo con las Reglas, debe hacerse por el jugador, su compañero o por otra persona autorizada por el jugador. Si la bola tiene que ser repuesta, ésta debe ser marcada antes de ser levantada, ya que si no se marca, se incurrirá en un golpe de penalidad.

Ball aufnehmen
Ein Ball, der nach den Regeln aufzunehmen ist, darf vom Spieler, seinem Partner oder einer vom Spieler ermächtigten anderen Person aufgenommen werden. Ist der Ball zurückzulegen, so muß seine Lage vor dem Aufnehmen gekennzeichnet werden. Ist sie nicht gekennzeichnet worden, so zieht sich der Spieler einen Strafschlag zu.

Piazzare e ripiazzare una palla
Quando una palla deve essere piazzata, conformemente alle Regole, sarà il giocatore o il suo partner a farlo. Se la palla deve essere ripiazzata, dovrà farlo il giocatore, il suo partner o la persona che l'abbia alzata o mossa.

Colocar y reponer una bola
Cuando una bola tiene que ser colocada de acuerdo con las Reglas, deberá hacerse por el jugador o su compañero. Si la bola ha de ser repuesta, deberá serlo por el jugador, su compañero o por la persona que la levantó o movió.

Ball hinlegen und zurücklegen
Ein Ball, der nach den Regeln hinzulegen ist, muß vom Spieler oder seinem Partner hingelegt werden. Ist ein Ball zurückzulegen, muß dies vom Spieler, seinem Partner oder von der Person, welche ihn aufgenommen oder bewegt hatte, geschehen.

Definizioni e procedure
Definiciones y procedimientos
Definitionen und Verfahren

Palla ingiocabile
Il giocatore può dichiarare la sua palla ingiocabile in qualunque punto del campo di gioco, eccetto quando la palla giace in un ostacolo d'acqua. Se il giocatore ritiene che la sua palla sia ingiocabile, egli dovrà, con la penalità di un colpo:
- Giocare una palla il più vicino possibile al punto dal quale egli ha giocato per ultimo la palla originaria.
- Droppare una palla entro la distanza di due bastoni dal punto dove si trova la palla, senza però avvicinarsi alla buca.
- Droppare una palla (senza che vi sia alcun limite circa la distanza) dietro al punto dove si trova la palla, tenendo questo punto direttamente tra la buca e il posto nel quale viene droppata la palla.(Continua a pag.16)

Bola injugable
El jugador puede declarar su bola injugable en cualquier lugar del campo, excepto cuando su bola toca o reposa en un obstáculo de agua. Si así lo hace, el jugador puede con la penalidad de un golpe:
- Jugar el golpe siguiente tan cerca como sea posible del punto donde fue jugada la bola antes de ser declarada injugable.
- Dropar una bola dentro de la distancia de dos palos del punto en el que la bola reposa, sin acercarse al agujero.
- Dropar una bola sin límite de distancia, detrás del punto en el que reposa la bola, en la prolongación de la línea recta formada por este punto y el agujero. (Continúa en la página 16)

Ball unspielbar
Der Spieler darf seinen Ball an jedem Ort auf dem Platz für unspielbar erklären, außer der Ball liegt in einem Wasserhindernis oder berührt es.
Erachtet der Spieler seinen Ball für unspielbar, so muß er unter Hinzurechnung eines Strafschlags:
- Einen Ball so nahe wie möglich von der Stelle spielen, von wo der für unspielbar erklärte Ball zuletzt gespielt worden ist;
- Einen Ball innerhalb zweier Schlägerlängen von der Stelle, wo der Ball lag, jedoch nicht näher zum Loch, fallenlassen;
- Einen Ball im Bunker in beliebiger Entfernung hinter dem Punkt fallenlassen, wo der Ball lag, in der Verlängerung der geraden Linie zwischen dieser Stelle und dem Loch (Fortsetzung Seite 16).

Definizioni e procedure
Definiciones y procedimientos
Definitionen und Verfahren

15

Definizioni e procedure
Definiciones y procedimientos
Definitionen und Verfahren

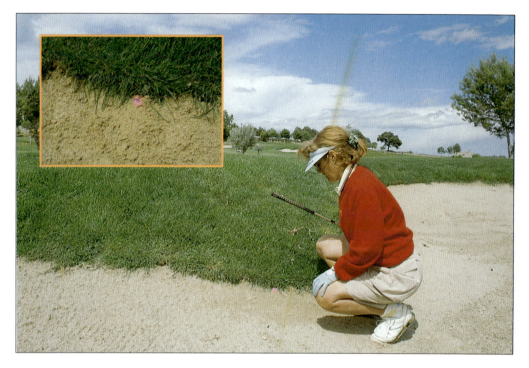

Palla ingiocabile (Fine)
Se la palla si trova in un bunker, il giocatore può, con la penalità di un colpo:
- Giocare una palla il più vicino possibile al punto dal quale egli ha giocato per ultimo la palla originaria.
- Droppare una palla nel bunker, entro la distanza di due bastoni dal punto dove si trovava la palla, senza però avvicinarsi alla buca.
- Droppare una palla nel bunker (senza limite di distanza) dietro al punto dove si trovava la palla, tenendo questo punto direttamente tra la buca e il posto nel quale viene droppata la palla.

Bola injugable (Final)
Si la bola reposa en un bunker el jugador puede con la penalidad de un golpe:
- Jugar el golpe siguiente tan cerca como sea posible del punto donde fue jugada la bola antes de ser declarada injugable.
- Dropar una bola en el bunker, dentro de la distancia de dos palos del punto en el que la bola reposaba, sin acercarse al agujero.
- Dropar una bola en el bunker, sin límite de distancia, detrás del punto en el que reposa la bola, en la prolongación de la línea recta formada por ese punto y el agujero.

Ball unspielbar (Ende)
Liegt der Ball in einem Bunker, so darf der Spieler unter Hinzurechnung eines Strafschlags:
- Den folgenden Schlag so nahe wie möglich bei der Stelle ausüben, wo der Ball gelegen hat, bevor er unspielbar erklärt worden ist;
- Einen Ball im Bunker fallenlassen, innerhalb zweier Schlägerlängen von der Stelle, wo der Ball gelegen hat, jedoch nicht näher zum Loch;
- Einen Ball im Bunker in beliebiger Entfernung hinter dem Punkt fallenlassen, wo der Ball lag, in der Verlängerung der geraden Linie zwischen diesem Punkt und dem Loch.

Definizioni e procedure
Definiciones y procedimientos
Definitionen und Verfahren

Definizioni e procedure
Definiciones y procedimientos
Definitionen und Verfahren

Palla mossa
Una palla viene considerata mossa se lascia la sua posizione, sia in senso orizzontale che in senso verticale, e va ad occupare una posizione diversa. Nelle fotografie si può osservare un movimento verticale della palla, mentre la giocatrice prende posizione sulla palla. Ella incorre nella penalità di un colpo e la palla va ripiazzata.

Bola movida
Se considera que una bola se ha movido, cuando ésta se desplaza de su posición, ya sea horizontal o verticalmente, ocupando otra posición. En las fotografías, puede observarse un movimiento vertical de la bola al preparar la jugadora el golpe, incurriendo con ello en un golpe de penalidad. La bola debe ser repuesta en su posición inicial.

Ball bewegt
Ein Ball gilt als bewegt, wenn er seine Lage verläßt, ob horizontal oder vertikal, und woanders liegenbleibt. In den Fotos wird eine vertikale Bewegung des Balles dargestellt, die bei der Vorbereitung der Spielerin auf den Schlag entstand und mit einem Strafschlag geahndet wird. Der Ball muß an seinen ursprünglichen Platz zurückgelegt werden.

Sostituire la palla
Durante il gioco di una buca, il giocatore non può sostituire la palla con la quale sta giocando, a meno che ciò sia permesso da una regola (per es. palla inservibile al gioco). Se il giocatore infrange questa regola subirà la penalità ma la palla è in gioco. La palla può essere sostituita all'inizio di una nuova buca.

Cambiar la bola
Durante el juego de un hoyo, el jugador no puede cambiar la bola que juega por otra, a no ser que esté inservible para el juego, por estar visiblemente cortada, rajada o deformada. Si el jugador incumple esta regla, incurrirá en penalidad. La bola puede ser cambiada por otra al comienzo de un hoyo nuevo.

Austausch des Balls
Im Verlauf des Spiels einer Bahn darf der Spieler den Ball nicht gegen einen anderen austauschen, es sei denn, sein Ball ist spielunbrauchbar durch sichtbare Kerben, Risse oder Verformungen. Bei Nichteinhalten dieser Regel zieht sich der Spieler einen Strafschlag zu. Zu Beginn einer neuen Bahn kann der Ball ausgetauscht werden.

Definizioni e procedure
Definiciones y procedimientos
Definitionen und Verfahren

Numero massimo di bastoni

Se il giocatore porta più di 14 bastoni incorre nalla penalità di due colpi per ognuna delle buche dove abbia commesso l'infrazione, con un massimo di quattro colpi per giro. In match play si dovrà aggiustare il risultato della partita alla conclusione della buca nella quale l'infrazione è stata scoperta, deducendo una buca per ogni buca nella quale è stata commessa l'infrazione, con un massimo di due buche per giro.

Número máximo de palos

Si el jugador lleva más de 14 palos incurre en dos golpes de penalidad por cada hoyo en los que ha existido infracción, con un máximo de cuatro golpes por vuelta. En Match Play debe ajustarse la situación del partido a la terminación del hoyo en el que la infracción haya sido descubierta, deduciendo un hoyo por cada hoyo en los que ha tenido lugar la infracción hasta un máximo de dos hoyos por vuelta.

Höchstzahl von Schlägern

Tritt ein Spieler mit mehr als 14 Schlägern an, zieht er sich für jedes Loch, an dem Regelverstoß begangen wurde, zwei Srafschläge zu, mit einer Höchststrafe von vier Schlägen pro Runde. Bei einem Lochspiel wird am Ende des Lochs, bei dem der Regelverstoß festgestellt wurde, die Spielsituation geklärt, wobei jedes Loch, bei dem gegen die Regeln verstoßen worden ist, als verloren gezählt wird, höchstens jedoch zwei Löcher pro Runde.

Pedir consejo

Un jugador pide consejo cuando solicita cualquier indicación o sugerencia para la elección de un palo o modo de ejecutar un golpe. Las informaciones sobre las reglas de juego, sobre la posición de la bandera en el green, sobre los indicadores de distancia y sobre los obstáculos, no se consideran consejo. El jugador no puede pedir consejo más que a su compañero o a cualquiera de sus caddies, no pudiendo dar tampoco consejo a nadie excepto a su compañero. Si el jugador incumple esta regla, incurre en penalidad.

Consiglio

E'considerato "consiglio" qualunque suggerimento per scegliere un bastone o sul modo di eseguire un colpo. Le informazioni sulle regole del gioco, sulla posizione della bandiera nel green, sugli indicatori di distanza e sugli ostacoli, non vengono considerate consiglio. Il giocatore può chiedere consiglio soltanto al suo partner o a uno dei loro portabastoni e non può dare consiglio altro che al proprio partner. Se un giocatore non adempie a questa regola incorre nella penalità relativa.

Belehrung

Belehrung ist jede Art von Rat oder Anregung, um die ein Spieler bei seiner Entscheidung über eine Schlägerwahl und die Art des auszuführenden Schlages bittet. Informationen über Spielregeln, über die Flaggenposition auf dem Grün, über Entfernungshinweise oder Hindernisse sind keine Belehrung.
Der Spieler darf keine Belehrung erbitten, außer von seinem Partner oder ihren Caddies; er darf auch niemendem, außer seinem Partner, Belehrung erteilen. Regelverstoß wird mit Strafe belegt.

Definizioni e procedure
Definiciones y procedimientos
Definitionen und Verfahren

Ovviare all'interferenza con condizioni anormali del terreno
Se la palla di un giocatore giace o tocca un terreno in condizioni anormali ó queste interferiscono con la posizione dei piedi del giocatore o con l'area del movimento o con la linea del suo putt (se la palla é in green) il giocatore puó ovviare all'interferenza nel seguente modo:
1. Sul percorso
Il giocatore deve determinare il punto più vicino a dove si trova la palla che eviti l'interferenza con le condizioni anormali del terreno, ma che non sia più vicino alla buca, né in un ostacolo, né in un green (Punto A). Partendo da questo punto, il giocatore dovrà droppare la palla entro la distanza di un bastone (Punto B), sempre che il punto B non sia più vicino alla buca, né in un ostacolo, né in green. La palla viene droppata in questo modo senza penalità. (Continua a pag. 22)

Alivio en condiciones anormales del terreno
Si la bola de un jugador toca o reposa en un terreno en condiciones anormales, si tales condiciones interfieren en la colocación del jugador o con el área del swing, o en la línea de putt si la bola está en el green, éste puede aliviarse procediendo de la manera siguiente:
1. En el recorrido
El jugador debe determinar el punto más próximo al que reposa la bola que evite la interferencia de las condiciones anormales del terreno pero que no esté más cerca del agujero, ni en un obstáculo, ni en un green (Punto A). A partir de ese punto, la bola será dropada dentro de la distancia de un palo (Punto B), con la condición de que el Punto B no esté más cerca del agujero, ni en un obstáculo ni en un green. Al dropar así la bola el jugador no tiene penalidad. (Continúa en la página 22)

Erleichterung bei ungewöhnlichen Bodenverhältnissen
Berührt der Ball eines Spielers ungewöhnliche Bodenverhältnisse oder bleibt er darin liegen und behindern diese Verhältnisse die Standposition des Spielers oder den Raum seines Schwungs oder die Puttlinie, wenn sich der Ball auf dem Grün befindet, kann sich der Spieler folgendermaßen für Erleichterung entscheiden:
1. Im Gelände
Der Spieler muß den dem Ball nächstgelegenen Punkt festlegen, der die Behinderung durch die ungewöhnlichen Bodenverhältnisse ausschließt, jedoch nicht näher zum Loch liegt und sich nicht in einem Hindernis oder auf einem Grün befindet (Punkt A). Von diesem Punkt aus wird der Ball innerhalb einer Schlägerlänge fallengelassen (Punkt B), jedoch unter der Bedingung, daß Punkt B weder näher zum Loch liegt, noch in einem Hindernis oder auf einem Grün. Verfährt der Spieler so, bleibt er straffrei. (Fortsetzung auf Seite 22).

Definizioni e procedure
Definiciones y procedimientos
Definitionen und Verfahren

Definizioni e procedure
Definiciones y procedimientos
Definitionen und Verfahren

Ovviare all'interferenza con condizioni anormali del terreno (Continuazione dalla pag. 20)
2. In un ostacolo
Se la palla si trova in un ostacolo o lo tocca, il giocatore dropperà la palla:
- Senza penalità, nell'ostacolo, il più vicino possibile al punto dove si trovava la palla, senza però avvicinarsi alla buca, su un terreno che gli permetta di evitare al meglio l'interferenza. (La fotografia in alto a destra nella pagina successiva mostra la palla correttamente droppata)
- Con la penalità di un colpo, fuori dall'ostacolo, dietro al punto dove giaceva la palla, segnando una linea retta tra tale punto e la buca, senza limitazione di distanza. (Fotografia in basso)

Eccezione: se la palla si trova in un ostacolo d'acqua (compreso un ostacolo d'acqua laterale) o lo tocca, il giocatore non è autorizzato, senza penalità, ad ovviare all'interferenza con una buca, terreno ammucchiato o con una traccia fatta da un animale scavatore, da un rettile o da un uccello. Il giocatore giocherà la palla come si trova o procederà secondo la Regola relativa agli ostacoli d'acqua. (Vedi a pag. 96-99). (Continua a pag. 24)

Alivio en condiciones anormales del terreno (Continuación de la página 20)
2. En un obstáculo
Si la bola toca o reposa en un obstáculo, ésta puede droparse de las dos maneras siguientes:
- Sin penalidad, dentro del obstáculo, tan cerca como sea posible del punto en el que reposaba la bola, sin acercarse al agujero, en un lugar que proporcione el máximo alivio posible del terreno en condiciones anormales. (La fotografía superior derecha de la página siguiente muestra la bola dropada correctamente de la situación que se indica en la fotografía superior)
- Con penalidad de un golpe, fuera del obstáculo detrás del punto en el que reposaba la bola, en prolongación de la línea recta formada por ese punto y el agujero, sin limitación de distancia. (Fotografía inferior)

Excepción: Si una bola reposa en o toca un obstáculo de agua (incluyendo un obstáculo de agua lateral), el jugador no tiene derecho a aliviarse sin penalidad de un agujero, desecho o senda hechos por un animal de madriguera, un reptil o un pájaro. El jugador jugará la bola como se encuentra o procederá como se recoge en las reglas para cuando una bola está dentro de un obstáculo de agua. (Ver páginas 96-99) (Continúa en la página 24)

Erleichterung bei ungewöhnlichen Bodenverhältnissen (Fortsetzung von Seite 20)
2. Im Hindernis
Wenn ein Ball ein Hindernis berührt oder darin liegenbleibt, kann er auf die beiden folgenden Arten fallengelassen werden:
- Straflos in dem Hindernis, so nahe wie möglich der Stelle, wo der Ball lag, nicht näher zum Loch an einer Stelle, die die größte erzielbare Erleichterung von der Behinderung bietet (Das obere rechte Foto auf der folgenden Seite zeigt den korrekt fallengelassenen Ball für die Situation, die im oberen Foto dargestellt ist).
- Mit einem Strafschlag außerhalb des Hindernisses mit beliebigem Abstand hinter dem Punkt, wo der Ball lag, in Verlängerung der geraden Linie zwischen dieser Stelle und dem Loch, (kleineres Foto).

Ausnahme: Liegt ein Ball im Wasserhindernis oder berührt es (seitliches Wasser ausgeschlossen), darf der Spieler straflose Erleichterung von einem Loch, Aufgeworfenem oder der Laufspur eines Erdgänge grabenden Tieres, eines Reptils oder eines Vogels nicht in Anspruch nehmen. Der Spieler muß den Ball spielen, wie er liegt, oder nach den Regeln für "Ball in einem Wasserhindernis" verfahren (Siehe Seiten 96-99) (Fortsetzung Seite 24).

Definizioni e procedure
Definiciones y procedimientos
Definitionen und Verfahren

Definizioni e procedure
Definiciones y procedimientos
Definitionen und Verfahren

Ovviare all'interferenza con condizioni anormali del terreno (Fine)
3. Sul green
Se la palla si trova sul green, può essere alzata e piazzata senza penalità nel punto più vicino a dove si trovava e che permetta di ovviare al meglio all'interferenza con le condizioni anormali del terreno, ma non più vicino alla buca, né in un ostacolo. (Punto A della fotografia)

Alivio en condiciones anormales del terreno (Final)
3. En el green
Si la bola reposa en el green, ésta puede ser levantada y colocada sin penalidad en la posición más cercana al punto en el que reposaba, que proporcione el máximo alivio posible de las condiciones anormales del terreno, que no sea en un obstáculo ni más cerca del agujero. (Punto A de la fotografía)

Erleichterung bei ungewöhnlichen Bodenverhältnissen (Ende)
3. Auf dem Grün
Liegt der Ball auf dem Grün, darf ihn der Spieler aufnehmen und straflos an die Stelle legen, die der vorherigen am nächsten ist und die die größtmögliche Erleichterung von der Behinderung bietet, jedoch nicht in einem Hindernis und nicht näher zum Loch liegt (Punkt A auf dem Foto).

Definizioni e procedure
Definiciones y procedimientos
Definitionen und Verfahren

Giocare il colpo successivo dal punto dove era stato giocato il colpo precedente
Quando, secondo le Regole, un giocatore sceglie o deve giocare il colpo successivo dal punto dove era stato giocato il colpo precedente, egli dovrà procedere come segue:
- Se il colpo precedente è stato giocato dall'area di partenza, la palla verrà giocata da qualunque parte dell'area stessa e potrà essere supportata.
- Se il colpo precedente è stato giocato dal percorso o da un ostacolo, la palla dovrà essere droppata.
- Se il colpo precedente è stato giocato dal green, la palla verrà piazzata.

Jugar el golpe siguiente desde donde se jugó el golpe anterior
Si, de acuerdo con las Reglas, el jugador decide o debe jugar el golpe siguiente desde el lugar que jugó el anterior, procederá de la forma siguiente:
- Si el golpe anterior fue jugado en el lugar de salida, la bola podrá jugarse en cualquier parte del mismo, sobre el soporte que considere oportuno.
- Si el golpe anterior fue jugado en el recorrido o en un obstáculo, la bola se dropará.
- Si el golpe anterior fue jugado en el green, la bola se colocará.

Spielen des nächsten Schlages von der Stelle des vorhergehenden Schlages
Will oder muß ein Spieler gemäß den Regeln seinen folgenden Schlag von der Stelle spielen, von wo er den vorhergehenden gespielt hat, muß er folgendermaßen verfahren:
- Wurde der vorhergehende Schlag vom Abschlag aus gespielt, kann der Ball von irgendwo innerhalb des Abschlags gespielt und darf dort auch aufgesetzt werden.
- Wurde der vorhergehende Schlag auf dem Platz oder in einem Hindernis gespielt, wird der Ball fallengelassen.
- Wurde der vorhergehende Schlag auf dem Grün gespielt, wird der Ball hingelegt.

Definizioni e procedure
Definiciones y procedimientos
Definitionen und Verfahren

Ovviare all'interferenza con un'ostruzione inamovibile
Quando una palla giace dentro o sopra un'ostruzione inamovibile o è così vicina che l'ostruzione stessa interferisce con la posizione dei piedi del giocatore o con l'area del movimento (se la palla si trova nel green con la sua linea del putt) il giocatore può ovviare all'interferenza, eccetto quando la palla si trova in un ostacolo d'acqua o lo tocca. Il giocatore può procedere come segue:
1. Sul percorso
Il giocatore dovrà determinare il punto più vicino a dove si trova la palla che eviti l'interferenza con l'ostruzione (senza attraversarla al di sopra, attraverso o al di sotto), che non sia più vicino alla buca, in un ostacolo o su un green (Punto A). Da tale punto la palla verrà droppata, senza penalità, entro la distanza di un bastone (Punto B), sempre che il punto B non sia più vicino alla buca, in un ostacolo o su un green.
La proibizione di attraversare l'ostruzione al di sopra, attraverso o al di sotto non deve essere applicata alle superficie artificiali di strade e sentieri compresi i lozo lati o quando la palla si trova nell'ostruzione o sopra di essa. Le fotografie della pagina successiva mostrano una giocatrice mentre evita l'interferenza con un'ostruzione inamovibile. (Continua a pag. 28)

Alivio de una obstrucción inamovible
Cuando una bola reposa en o sobre una obstrucción inamovible, o tan próxima a ella que la obstrucción interfiere en la colocación del jugador o con el área del swing, o en la línea de putt si la bola está en el green, éste puede aliviarse de esta interferencia, salvo que la bola toque o repose en un obstáculo de agua. El procedimiento a seguir es el siguiente:
1. En el recorrido
El jugador debe determinar el punto más próximo al que reposa la bola que evite la interferencia de la obstrucción (sin cruzar por encima, debajo o a través de la misma), que no esté más cerca del agujero, que no esté en un obstáculo ni en un green (Punto A). A partir de ese punto, la bola será dropada dentro de la distancia de un palo (Punto B), con la condición de que el punto B no esté más cerca del agujero, ni en un obstáculo ni en un green. Al dropar así la bola, el jugador no tiene penalidad.
La prohibición de cruzar por encima, debajo o a través de la obstrucción no se aplica cuando se trata de superficies y bordes artificiales de caminos o carreteras y cuando la bola reposa en o sobre la propia obstrucción. Las fotografías de la página siguiente muestran como la jugadora se alivia de una obstrucción inamovible. (Continúa en la página 28)

Erleichterung bei unbeweglichen Hemmnissen
Liegt ein Ball in oder auf einem unbeweglichen Hemmnis oder so dicht daran, daß die Standposition des Spielers oder der Raum seines Schwungs durch das Hemmnis behindert werden, oder erstreckt sich das Hemmnis auf seine Puttlinie, wenn der Ball auf dem Grün liegt, darf der Spieler Erleichterung von der Behinderung in Anspruch nehmen. Das Verfahren ist folgendes:
1. Im Gelände
Der Spieler muß den dem Ball nächstgelegenen Punkt auf dem Platz feststellen, der eine Behinderung durch das Hemmnis ausschließt (ohne Kreuzen unter dem Hemmnis hindurch oder darüber hinweg oder durch das Hemmnis hindurch), der nicht näher zum Loch liegt, sich nicht in einem Hindernis oder auf einem Grün befindet (Punkt A). Von diesem Punkt aus muß der Ball innerhalb einer Schlägerlänge fallengelassen werden (Punkt B) unter der Bedingung, daß Punkt B nicht näher zum Loch, nicht in einem Hindernis und nicht auf einem Grün liegt. Verfährt der Spieler auf diese Weise, bleibt er straffrei.
Das Verbot, unter dem Hemmnis hindurch oder darüber hinweg oder durch das Hemmnis hindurch zu kreuzen, gilt nicht für künstlich angelegte Oberflächen und Begrenzungen von Wegen oder Straßen oder wenn der Ball in oder auf diesem Hemmnis liegt. Die Fotos auf der folgenden Seite zeigen, wie die Spielerin Erleichterung bei einem unbeweglichen Hemmnis in Anspruch nimmt. (Fortsetzung Seite 28).

Definizioni e procedure
Definiciones y procedimientos
Definitionen und Verfahren

27

Definizioni e procedure
Definiciones y procedimientos
Definitionen und Verfahren

Ovviare all'interferenza con un'ostruzione inamovibile (Fine)
2. In un bunker
La palla verrà droppata, senza penalità, nel bunker come abbiamo già indicato nel paragrafo precedente per il percorso.
3. Sul green
La palla verrà piazzata, senza penalità, nel punto più vicino al posto dove si trovava, che permetta di ovviare all'interferenza, ma non più vicino alla buca né in un ostacolo. La fotografia in alto mostra come la giocatrice evita un irrigatore che si trova sul green.

Alivio de una obstrucción inamovible (Final)
2. En un bunker
La bola se dropará sin penalidad dentro del bunker, de igual forma al procedimiento indicado para el recorrido.
3. En el green
La bola se colocará sin penalidad en la posición más cercana de donde reposaba, que evite la interferencia de la obstrucción sin acercarse al agujero y que no sea en un obstáculo. La fotografía superior muestra cómo la jugadora se alivia de un aspersor situado en el green.

Erleichterung bei unbeweglichen Hemmnissen (Ende)
2. Im Bunker
Der Ball muß straffrei im Bunker fallengelassen werden, nach dem gleichen Verfahren wie im Gelände.
3. Auf dem Grün
Der Ball wird straffrei in die nächstgelegene Position hingelegt, die Erleichterung von der Behinderung bietet, jedoch nicht näher zum Loch und nicht in einem Hindernis. Das obige Foto zeigt, wie die Spielerin Erleichterung von einem Sprengwasserauslaß in Anspruch nimmt.

Definizioni e procedure
Definiciones y procedimientos
Definitionen und Verfahren

Droppare la palla
Una palla che deve essere droppata dovrà essere droppata dal giocatore stesso. Egli dovrà stare diritto, con il braccio disteso e, mantenendo la palla all'altezza delle spalle, farla cadere. Il giocatore potrà orientarsi in qualunque direzione. Se il giocatore non dovesse droppare la palla come descritto, potrà alzarla e ridropparla correttamente senza penalità.

Dropar la bola
Cuando una bola tiene que ser dropada, lo será por el propio jugador. Para ello debe estar erguido, manteniendo el brazo extendido y la bola a la altura del hombro, dejándola caer. El jugador puede orientarse en cualquier dirección. Si el jugador no dropa la bola de esta forma, puede levantarla y volverla a dropar correctamente sin penalidad.

Ball fallenlassen
Wenn ein Ball fallenzulassen ist, muß er vom Spieler selbst fallengelassen werden. Hierbei muß der Spieler aufrecht stehen, mit ausgestrecktem Arm den Ball in Schulterhöhe halten und ihn fallenlassen. Der Spieler kann sich in jede Richtung orientieren. Läßt der Spieler den Ball nicht auf diese Weise fallen, darf er den Ball aufnehmen und ihn ohne Strafe erneut korrekt fallenlassen.

Definizioni e procedure
Definiciones y procedimientos
Definitionen und Verfahren

Ridroppare la palla
Una palla droppata dovrà essere ridroppata senza penalità, se essa:
• Rotola in un ostacolo.
• Rotola fuori di un ostacolo.
• Rotola in green.
• Rotola fuori limite.
• Rotola in una posizione dove c'è interferenza causata dalla condizione cui si era ovviato, e cioè interferenza con ostruzione inamovibile, terreno in riparazione, acqua occasionale, danni causati da animali scavatori, palla infossata nel proprio pitch-mark.
• Rotola ad una distanza maggiore di due bastoni dal punto dove per la prima volta ha toccato una parte del campo.
• Rotola e si ferma più vicino alla buca della sua posizione originaria.
• Rotola e va a fermarsi più vicino alla buca del punto dove la palla originaria ha attraversato per ultimo il margine dell'area o dell'ostacolo.
Se una palla rotola di nuovo in una delle situazioni suddette dovrà essere piazzata il più vicino possibile al punto dove ha per la prima volta toccato una parte del campo quando è stata ridroppata. Se la palla non è facilmente recuperabile può essere sostituita con un'altra.

Volver a dropar la bola
Una bola dropada debe volverse a dropar sin penalidad en las circunstancias siguientes:
• Cuando rueda a un obstáculo.
• Cuando rueda fuera de un obstáculo.
• Cuando rueda a un green.
• Cuando rueda fuera de límites.
• Cuando rueda a una posición en la que no evita la interferencia por la que se dropó inicialmente la bola, como alivio ante una obstrucción inamovible, terreno en reparación, agua accidental, daños causados por animal de madriguera o cuando rueda a su propio impacto.
• Cuando rueda a más de dos palos de distancia del punto en el que tocó el suelo por primera vez.
• Cuando rueda y va a parar más cerca del agujero que en su posición inicial.
• Cuando rueda y va a parar más cerca del agujero que el punto donde la bola original cruzó por última vez el margen del área o del obstáculo.
Si la bola vuelve a caer en alguna de las situaciones anteriores se colocará tan cerca como sea posible del punto en el que tocó el suelo por primera vez al volver a dropar. Si la bola no pudiera recuperarse fácilmente, puede ser sustituida por otra.

Erneutes Fallenlassen des Balls
Ein fallengelassener Ball muß unter folgenden Bedingungen erneut straffrei fallengelassen werden:
• Wenn er in ein Hindernis rollt;
• Wenn er aus einem Hindernis hinausrollt;
• Wenn er auf ein Grün rollt;
• Wenn er ins Aus rollt;
• Wenn er in eine Lage rollt, wo keine Erleichterung von der Behinderung gegeben ist, wegen der ursprünglich der Ball fallengelassen wurde, wie Erleichterung bei einem unbeweglichen Hemmnis, Boden in Ausbesserung, seitlichem Wasser, Schäden durch Höhlen grabenden Tieren oder wenn der Ball in sein eigenes Einschlagloch rollt;
• Wenn er weiter als zwei Schlägerlängen von der Stelle wegrollt, wo er zum erstenmal auf dem Boden auftraf;
• Wenn er näher zum Loch liegenbleibt als in seiner ursprünglichen Lage;
• Wenn er näher zum Loch liegenbleibt als an dem Punkt, an dem der ursprüngliche Ball zumletzten Mal den Rand der Fläche oder des Hindernisses kreuzte.
Rollt der Ball erneut in eine Lage gemäß obiger Aufzählung, muß er so nahe wie möglich der Stelle hingelegt werden, wo er zum erstenmal auf dem Boden auftraf, als er erneut fallengelassen wurde.Ist ein Ball nicht sogleich wiederzuerlangen, darf er durch einen anderen ersetzt werden.

Definizioni e procedure
Definiciones y procedimientos
Definitionen und Verfahren

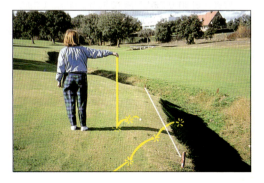

Definizioni e procedure
Definiciones y procedimientos
Definitionen und Verfahren

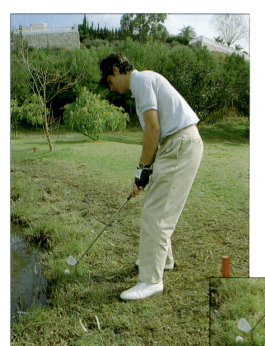

Prendere posizione sulla palla
Un giocatore "ha preso posizione sulla palla" quando ha posizionato i piedi (stance) ed ha appoggiato il bastone a terra in qualunque parte del campo di gioco, eccetto che negli ostacoli. Negli ostacoli (bunkers e ostacoli d'acqua), il giocatore "ha preso posizione sulla palla" semplicemente quando ha posizionato i piedi (in quanto non può appoggiare il bastone senza incorrere in penalità).

Preparar el golpe
Un jugador "ha preparado un golpe" en cualquier parte del campo, excepto en los obstáculos, cuando se ha colocado (stance) y además ha apoyado su palo en el suelo. En los obstáculos (bunkers y obstáculos de agua), el jugador "ha preparado el golpe" cuando se ha colocado, ya que aquí no puede apoyar el palo sin incurrir en penalidad.

Ansprechen des Balls
Überall auf dem Platz, ausgenommen in Hindernissen, hat ein Spieler "den Ball angesprochen", wenn er Standposition bezogen und außerdem seinen Schläger aufgesetzt hat. In Hindernissen (Bunker und Wasserhindernisse) hat ein Spieler mit Beziehen der Standposition den Ball angesprochen, denn hier darf er den Schläger nicht straffrei aufsetzen.

Definizioni e procedure
Definiciones y procedimientos
Definitionen und Verfahren

Regole locali
Sono quelle elaborate e pubblicate dal Comitato di Gara affinché vengano applicate in condizioni anormali, purché siano conformi alle direttive della Federazione o della autorità del paese dove esse vengono applicate. Tali regole di solito consentono di ovviare alle interferenze a certe situazioni, come ad esempio, quando la palla giace nella rotaia di un trattore, vicino ad un albero caduto, accanto a dei tronchi tagliati o ad una giovane pianta. E' opportuno che il giocatore si informi su queste regole prima di giocare sul campo.

Reglas locales
Son aquellas elaboradas y publicadas por los Comités de los clubs para ser aplicadas en condiciones anormales, siendo coherentes con el criterio de la federación o autoridad del país en el que se aplican. Estas reglas suelen permitir el alivio del jugador en determinadas situaciones, como cuando la bola reposa en una rodada de tractor, junto a un árbol caído, junto a troncos cortados, junto a un árbol pequeno, etc. Es conveniente que el jugador se informe de estas reglas antes de salir a jugar al campo.

Platzregeln
Platzregeln sind solche, die von der Spielleitung für außergewöhnliche Umstände erlassen werden. Sie müssen mit den Regeln des jeweiligen nationalen Golf-Verbandes übereinstimmen. Diese Regeln erlauben normalerweise die Erleichterung des Spielers in bestimmten Situationen, wie beispielsweise, wenn der Ball in einem Traktorrad, an einem umgefallenen Baumstamm, an einem Baumstumpf, an einem kleinen Baum usw. liegenbleibt. Es ist ratsam, daß sich der Spieler vor Spielbeginn nach diesen Regeln erkundigt.

Reglas de invierno
Son reglas locales que se aplican generalmente en terreno segado al ras, durante la época invernal, para facilitar el juego en las condiciones adversas del campo en esa época. Esta regla permite limpiar y mover la bola 15 cm desde el punto en el que reposa, sin acercarse al agujero, cuando la bola reposa en cualquier zona del recorrido con la hierba segada al ras.

Regole invernali
Sono Regole Locali che, in genere, si applicano durante i mesi invernali per favorire il gioco ovviando alle condizioni avverse del tempo in quel periodo. Questa regola consente di pulire e spostare la palla di 15 cm dal punto dove si trova, ma non più vicino alla buca, quando la palla giace su qualunque area accuratamente rasata.

Winterregeln
Dies sind Platzregeln, die generell in den Wintermonaten auf kurzgemähten Flächen im Gelände zur Erleichterung der Spielbedingungen angewandt werden. Diese Regel erlaubt strafloses Reinigen und Bewegen des Balles bis zu 15 cm von dem Punkt, wo er auf irgendeiner kurzgemähten Fläche im Gelände liegenbleibt, jedoch nicht näher zum Loch.

Cortesia sul campo
Cortesía en el campo
Etikette auf dem platz

2 Cortesia sul campo
Cortesía en el campo
Etikette auf dem Platz

Cortesia sul campo
Cortesía en el campo
Etikette auf dem platz

Ripiazzare le zolle
Se nell'eseguire un colpo viene staccata una zolla, essa deve essere rimessa subito a dimora e schiacciata sul terreno con i piedi.

Reponer las chuletas
Si al ejecutar un golpe se levanta una chuleta, ésta debe ser recogida y colocada en el lugar que estaba, presionando con el pie sobre ella.

Divots einsetzen
Wenn bei Durchführung eines Schlages eine Grasnarbe herausgeschlagen wird, muß sie sofort wieder an der alten Stelle eingesetzt und mit dem Fuß niedergedrückt werden.

Non togliere la palla dalla buca col putt
La palla non deve essere rimossa dalla buca col putt, perché se ne possono involontariamente danneggiare i bordi e, di conseguenza, le palle successive possono "sbordare". La palla deve essere tolta dalla buca con la mano.

No sacar la bola del agujero con el putt
La bola no debe ser sacada del agujero con el putt, ya que sin querer se puede estropear el borde del mismo, lo que origina que las bolas puedan hacer "corbata". La bola debe ser sacada del agujero con la mano.

Nicht den Ball mit dem Putter aus dem Loch herausnehmen
Der Ball darf nicht mit dem Putter aus dem Loch herausgenommen werden, denn dadurch kann ungewollt der Lochrand beschädigt werden, was zur Folge haben kann, daß die Bälle um den Lochrand "kreisen", ohne hineinzufallen. Der Ball muß mit der Hand aus dem Loch genommen werden.

Cortesia sul campo
Cortesía en el campo
Etikette auf dem platz

Livellare le pedate nel bunker
La giocatrice, dopo aver eseguito un colpo dal bunker, quale prova di considerazione verso gli altri giocatori, livella le proprie tracce con un rastrello. Se non si ha un rastrello disponibile, si deve comunque livellare accuratamente la sabbia del bunker coi piedi o con un bastone.

Alisar las pisadas en el bunker
Después de haber ejecutado un golpe en el bunker, la jugadora está arreglando sus huellas con un rastrillo, dando así una prueba de consideración para los demás jugadores. Si no existiera rastrillo, sería conveniente alisar suavemente la arena del bunker con los pies o con un palo de golf.

Bunker einebnen
Nach Durchführung eines Bunkerschlags ebnet die Spielerin ihre Spuren mit einer Harke ein und gibt so ein Beispiel der Rücksichtnahme für die übrigen Spieler. Wenn keine Harke vorhanden ist, wäre zu empfehlen, den Bunkersand leicht mit den Füßen oder einem Golfschläger zu ebnen.

Non appoggiare la sacca sul green o nel bunker
Quando si esegue un colpo da un green o da un bunker, il giocatore non deve appoggiarvi la sacca per non danneggiarne la superficie.

No apoyar la bolsa en el green o en el bunker
La bolsa de golf debe dejarse fuera del green o del bunker cuando se ejecuta un golpe en alguno de estos dos lugares, a fin de evitar dañar la superficie de ambos.

Nicht die Golftasche auf dem Grün oder im Bunker ablegen
Wird ein Schlag auf dem Grün oder aus dem Bunker ausgeführt, muß die Golftasche außerhalb abgelegt werden, um Schäden an der Oberfläche dieser Bereiche zu vermeiden.

Cortesia sul campo
Cortesía en el campo
Etikette auf dem platz

Riparare il segno dell'impatto di una palla sul green

Il segno dell'impatto di una palla sul green deve essere subito riparato, rialzando l'erba infossata con un alza-pitch o con un tee, e livellando in ultimo la superficie col putt.

Arreglar los piques de la bola en el green

El pique de la bola debe ser inmediatamente reparado, levantando la hierba hundida con un arregla-piques o con un tee, alisando finalmente la superficie con el putt.

Balleinschlaglöcher auf dem Grün ausbessern

Das Loch eines Ballaufschlags auf dem Grün muß unverzüglich repariert werden, wobei das eingedrückte Gras mit einer Pitchgabel oder einem Tee angehoben und danach mit dem Putter eingeebnet wird.

Non arrecare danni al green coi chiodi delle scarpe

Quando il giocatore cammina sul green, con le scarpe chiodate, deve farlo con cura in modo da non lasciarvi delle tracce profonde. Se ciò accade deve riparare le tracce dei chiodi a buca completata.

Evitar dañar los greenes con los clavos de los zapatos

Cuando se utilicen zapatos con clavos, el jugador debe poner atención al andar sobre el green, evitando hacer huellas profundas sobre el mismo. Si esto ocurriera, el jugador debería arreglar las huellas de sus clavos después de que el hoyo haya sido jugado por todos los jugadores.

Vermeidung von Schäden auf dem Grün durch die Spikes der Schuhe

Trägt der Spieler Schuhe mit Spikes, muß er beim Laufen auf dem Grün darauf achten, daß er keine tiefen Spuren hinterläßt. Sollte dies geschehen sein, hat der Spieler nach Beendigung des Lochs durch alle Spieler die Spuren seiner Spikes auszubessern.

Cortesia sul campo
Cortesía en el campo
Etikette auf dem platz

Precedenza sul campo
Quando una partita gioca lentamente e perde più di una buca di distanza rispetto ai giocatori che la precedono, deve invitare chi segue a passare. Si deve lasciar passare i giocatori che seguono anche quando la palla non viene subito ritrovata.

Dar paso a otros jugadores
Cuando un partido juega lentamente y pierde más de un hoyo completo con relación a los jugadores que le preceden, debería dar paso al siguiente partido. También se debería dar paso al siguiente partido cuando la bola no se encuentra inmediatamente.

Durchspielenlassen
Spielt eine Gruppe langsam und bleibt mehr als ein Loch hinter den vorausgehenden Spielern zurück, muß sie die nachfolgenden Spieler zum Überholen auffordern. Die nachfolgenden Spieler müssen auch dann zum Überholen aufgefordert werden, wenn der Ball nicht unverzüglich gefunden wird.

Mantenersi di fronte al giocatore che esegue un colpo
Quando un giocatore sta per eseguire un colpo sul fairway o nel rough, i giocatori che gli stanno vicino devono stargli di fronte in una posizione leggermente arretrata, per evitare di essere colpiti e di distrarre il giocatore.

Situarse enfrente del jugador que efectúa el golpe
Cuando un jugador va a ejecutar su golpe en la calle o en el rough, el jugador que se encuentre próximo a él debería colocarse enfrente del mismo, algo desplazado hacia atrás, evitando así que un mal golpe pueda alcanzarle y distraer al jugador que ejecuta el golpe.

Sich vor den schlagenden Spieler stellen
Wenn ein Spieler auf dem Fairway oder im Rough seinen Schlag spielt, soll sich der in seiner Nähe befindliche Spieler ihm gegenüber, aber ein wenig zurückversetzt, hinstellen, um zu vermeiden, daß ein schlecht ausgeführter Schlag ihn trifft und er den schlagenden Spieler verwirrt.

Cortesia sul campo
Cortesía en el campo
Etikette auf dem platz

Utilizzare correttamente i golf carts
Quando si utilizza un golf cart non lo deve passare vicino ai greens né sui bordi dei bunkers. Se ci sono degli appositi sentieri bisogna mantenersi all'interno di essi e seguire le Regole stabilite per l'utilizzo dei golf carts.

Utilizar correctamente los coches de golf
Cuando se utiliza un coche de golf, éste no debe pasar por las proximidades del green ni por las lomas de los bunkers. Si existen caminos, es conveniente mantenerse dentro de ellos, siguiendo las normas que existan para la utilización de los coches de golf.

Richtige Nutzung von Golfautos
Ein Golfauto darf nicht in die Nähe des Grüns und nicht an Bunkerränder bewegt werden. Wenn Wege vorhanden sind, ist es angebracht, diese zu nutzen und somit die Bestimmungen zur Nutzung von Golfautos zu befolgen.

Non far passare i carrelli da golf sul green
I carrelli non devono passare né sui greens né sugli avant-greens.

No pasar los carros por el green
Los carros de golf no deben pasar sobre la superficie del green, ni, incluso, sobre el borde del green.

Mit Golfwagen nicht über das Grün fahren
Golfwagen dürfen nicht über die Grünflächen bewegt werden, nicht einmal über den Grünrand.

Cortesia sul campo
Cortesía en el campo
Etikette auf dem platz

Lasciare i rifiuti negli appositi cestini
Se mangiate un panino, una caramella o qualsiasi altro alimento o bibita, cercate di non buttare carte o rifiuti sul campo di gioco ma, depositateli negli appositi cestini.

Depositar los desperdicios en las papeleras
Si usted come un sandwich, algún caramelo u otro alimento o bebida, evite tirar sus envoltorios o cualquier otro desperdicio en el campo, depositándolos en las papeleras oportunas.

Den Abfall in Mülltonnen werfen
Wenn Sie ein Sandwich, ein Bonbon oder etwas anderes essen oder trinken, vermeiden Sie, die Verpackung oder jede Art von Abfall auf den Platz zu werfen, sondern in dafür vorgesehene Mülltonnen.

Non eseguite un colpo prima che i giocatori che vi precedono siano fuori tiro
Per ragioni di sicurezza, non eseguite nessun colpo fino a quando i giocatori che vi precedono non siano fuori tiro.

No jugar la bola hasta que el equipo anterior esté fuera del alcance
Por seguridad, no juegue nunca una bola hasta que los jugadores que le preceden estén fuera de su alcance.

Nicht spielen, bevor die vorausgehende Gruppe außer Reichweite ist
Aus Sicherheitsgründen spielen Sie niemals Ihren Ball, bis die vorausgehenden Spieler außer Reichweite sind.

Cortesia sul campo
Cortesía en el campo
Etikette auf dem platz

Utilizzare correttamente i golf carts
Quando si utilizza un golf cart non lo deve passare vicino ai greens né sui bordi dei bunkers. Se ci sono degli appositi sentieri bisogna mantenersi all'interno di essi e seguire le Regole stabilite per l'utilizzo dei golf carts.

Utilizar correctamente los coches de golf
Cuando se utiliza un coche de golf, éste no debe pasar por las proximidades del green ni por las lomas de los bunkers. Si existen caminos, es conveniente mantenerse dentro de ellos, siguiendo las normas que existan para la utilización de los coches de golf.

Richtige Nutzung von Golfautos
Ein Golfauto darf nicht in die Nähe des Grüns und nicht an Bunkerränder bewegt werden. Wenn Wege vorhanden sind, ist es angebracht, diese zu nutzen und somit die Bestimmungen zur Nutzung von Golfautos zu befolgen.

Non far passare i carrelli da golf sul green
I carrelli non devono passare né sui greens né sugli avant-greens.

No pasar los carros por el green
Los carros de golf no deben pasar sobre la superficie del green, ni, incluso, sobre el borde del green.

Mit Golfwagen nicht über das Grün fahren
Golfwagen dürfen nicht über die Grünflächen bewegt werden, nicht einmal über den Grünrand.

Cortesia sul campo
Cortesía en el campo
Etikette auf dem platz

Lasciare i rifiuti negli appositi cestini
Se mangiate un panino, una caramella o qualsiasi altro alimento o bibita, cercate di non buttare carte o rifiuti sul campo di gioco ma, depositateli negli appositi cestini.

Depositar los desperdicios en las papeleras
Si usted come un sandwich, algún caramelo u otro alimento o bebida, evite tirar sus envoltorios o cualquier otro desperdicio en el campo, depositándolos en las papeleras oportunas.

Den Abfall in Mülltonnen werfen
Wenn Sie ein Sandwich, ein Bonbon oder etwas anderes essen oder trinken, vermeiden Sie, die Verpackung oder jede Art von Abfall auf den Platz zu werfen, sondern in dafür vorgesehene Mülltonnen.

Non eseguite un colpo prima che i giocatori che vi precedono siano fuori tiro
Per ragioni di sicurezza, non eseguite nessun colpo fino a quando i giocatori che vi precedono non siano fuori tiro.

No jugar la bola hasta que el equipo anterior esté fuera del alcance
Por seguridad, no juegue nunca una bola hasta que los jugadores que le preceden estén fuera de su alcance.

Nicht spielen, bevor die vorausgehende Gruppe außer Reichweite ist
Aus Sicherheitsgründen spielen Sie niemals Ihren Ball, bis die vorausgehenden Spieler außer Reichweite sind.

42

Cortesia sul campo
Cortesía en el campo
Etikette auf dem platz

Siate gentili coi vostri compagni di gioco, evitate le brutte maniere
Se durante il gioco siete sfortunati o i colpi non riescono come voi vorreste, cercate di non arrabbiarvi e, soprattutto, evitate le cattive maniere, come ad esempio lanciare il bastone, colpire per terra col bastone, urlare o dire delle parolacce.

Sea cortés con sus compañeros evitando los modales inapropiados
Si a lo largo del juego tiene mala suerte o los golpes no resultan de su agrado, evite los enfados y, sobre todo, las malas formas, tales como tirar el palo, golpear el suelo con el palo, gritar o decir palabrotas.

Seien Sie höflich zu Ihren Mitspielern und vermeiden Sie unangemessenes Verhalten
Wenn Sie im Laufe des Spiels Pech haben und die Schläge gelingen nicht nach Ihren Vorstellungen, verlieren Sie nicht die Beherrschung und vermeiden Sie vor allem schlechtes Betragen, wie zum Beispiel Wegwerfen des Schlägers, Schlagen auf den Boden, Schreien oder Fluchen.

Prudenza nel fare un movimento di pratica
Nel fare un movimento di pratica bisogna assicurarsi che non ci siano altri giocatori così vicino da poter essere colpiti dal bastone o da una pietra o da qualsiasi altro oggetto che possa essere mosso dal colpo. Il giocatore deve evitare di staccare zolle nell'area di partenza.

Tener prudencia al hacer el swing de prueba
Cuando se haga un swing de prueba hay que tener la precaución de que no existen otros jugadores cerca que puedan ser golpeados por el propio palo o por una piedra u otro objeto impactado con el golpe. El jugador deberá evitar levantar chuletas en el lugar de salida.

Seien Sie umsichtig beim Probeschwung
Beim Probeschwung muß man darauf achten, daß sich keine anderen Spieler in der Nähe befinden, die vom Schläger oder von einem Stein oder irgendetwas anderem, das beim Schlag aufgewirbelt wird, getroffen werden können. Der Spieler sollte vermeiden, beim Abschlag Grasnarben herauszuschlagen.

Sull'area di partenza
En el lugar de salida
Am Abschlag

3

Sull'area di partenza
En el lugar de salida
Am Abschlag

Sull'area di partenza
En el lugar de salida
Am Abschlag

Giocare la palla dall'area di partenza
La palla deve essere piazzata entro la superficie rettangolare delimitata dagli indicatori di partenza che si estende dietro di essi per la lunghezza di due bastoni. I piedi del giocatore possono trovarsi all'interno, fuori, oppure uno all'interno e l'altro all'esterno di detta superficie rettangolare.

Jugar la bola en el lugar de salida
La bola tiene que colocarse dentro de la superficie rectangular formada por las marcas de salida y la distancia de dos palos detrás de esas marcas. Los pies del jugador pueden estar dentro, fuera o uno dentro y otro fuera de la superficie rectangular indicada.

Den Ball vom Abschlag spielen
Der Ball muß innerhalb einer rechteckigen Fläche, die sich von den Abschlagsmarkierungen um zwei Schlägerlängen nach hinten erstreckt, aufgesetzt werden. Die Füße des Spielers können sich innerhalb dieser Fläche, außerhalb oder ein Fuß innerhalb und einer außerhalb befinden.

Sull'area di partenza
En el lugar de salida
Am Abschlag

Giocare la palla fuori dai limiti dell'area di partenza
Il giocatore incorre nella penalità e deve rigiocare una palla entro i limiti dell'area di partenza prima di eseguire un colpo dalla buca successiva o, nel caso dell'ultima buca del giro, dichiarare la sua intenzione di correggere il suo errore, prima di abbandonare il green, altrimenti egli sarà squalificato. In Match Play l'avversario potrà chiedergli immediatamente di rigiocare una palla entro i limiti della partenza senza penalità.

Jugar desde fuera del lugar de salida
El jugador incurre en penalidad, debiendo jugar una bola dentro del lugar de salida antes de efectuar un golpe en el siguiente hoyo o declarar su intención de corregir su error, antes de abandonar el green si se encontrara en el último hoyo. Si no hace esto, el jugador será descalificado. En Match Play el jugador puede ser obligado por su contrario a jugar una bola sin penalidad dentro del lugar de salida.

Spielen von außerhalb des Abschlags
Der Spieler zieht sich eine Strafe zu und muß einen Ball von innerhalb des Abschlags spielen, bevor er einen Schlag am nächsten Loch durchführt;sofern es sich um das letzte Loch der Runde handelt, muß er vor Verlassen des Grüns seine Absicht bekunden, seinen Fehler zu beheben. Verfährt der Spieler nicht so, wird er disqualifiziert. Beim Lochspiel kann der Spieler von seinem Gegner verpflichtet werden, straflos einen Ball von innerhalb des Abschlags zu spielen.

Colocación de la bola en el lugar de salida
La bola puede ser colocada sobre el propio césped, sobre un tee, sobre un montón de arena, sobre un trozo de césped o sobre cualquier otro soporte. Lo aconsejable es jugar la bola sobre un tee.

Supportare la palla nell'area di partenza
Per supportare la palla questa può essere piazzata sul terreno, su un tee, su un mucchio di sabbia, su una zolla d'erba o su qualsiasi altro supporto. Si consiglia di giocare la palla su un tee.

Aufsetzen des Balls am Abschlag
Der Ball darf auf dem Boden, einem Tee, auf einem Sandhäufchen, einem Grasbüschel oder jeder anderen Unebenheit aufgesetzt werden. Am ratsamsten ist die Benutzung eines Tee.

Sull'area di partenza
En el lugar de salida
Am Abschlag

Palla che cade dal supporto quando il giocatore prende posizione sulla palla
Nel prendere la posizione sulla palla, la giocatrice ha fatto cadere la palla, che potrà essere supportata di nuovo senza penalità.

Bola que cae del soporte al preparar el golpe
Al preparar el golpe la bola de la jugadora ha caído de su soporte. La bola puede volverse a colocar en el mismo sin penalidad.

Ball fällt beim Ansprechen vom Tee
Beim Ansprechen ist der Ball der Spielerein vom Tee gefallen. Er darf straflos wieder aufgesetzt werden.

Palla che cade dal supporto nel fare lo swing all'indietro o un movimento di prova
Se la palla cade dal supporto mentre la giocatrice fa lo swing all'indietro o un movimento di prova, essa potrà essere supportata di nuovo senza penalità.

Bola que cae del soporte al hacer el swing hacia atrás o un swing de prueba
Al hacer la jugadora el swing hacia atrás, la bola cae de su soporte, pudiendo volverse a colocar en el mismo sin penalidad. Tampoco se incurre en penalidad si la bola cae de su soporte al hacer un swing de prueba.

Ball fällt vom Tee beim Aufschwung oder Probeschwung
Während die Spielerin den Aufschwung durchführt, fällt der Ball vom Tee. Er darf straffrei wieder aufgesetzt werden. Es wird auch keine Strafe angerechnet, wenn der Ball beim Probeschwung vom Tee fällt.

Sull'area di partenza
En el lugar de salida
Am Abschlag

Palla spostata a poca distanza dal supporto
La giocatrice ha colpito la palla facendola appena cadere dal supporto. Il colpo conta e la palla va giocata dove si trova. Se la palla cade accanto all'indicatore di partenza, quest'ultimo puó essere levato per giocare e poi dovrà essere rimesso al suo posto.

Bola desplazada a poca distancia del soporte
La jugadora ha golpeado ligeramente la bola, cayendo ésta del soporte a poca distancia del mismo. Este golpe cuenta y la bola debe jugarse donde se encuentra. Si la bola cae junto a la marca de salida, ésta puede ser retirada para jugar la bola, colocándola después en el mismo lugar.

Ball ein kurzes Stück vom Tee bewegt
Die Spielerin hat den Ball leicht getroffen, so daß dieser vom Tee gefallen ist und sich ein wenig bewegt hat. Dieser Schlag zählt und muß von seiner jetzigen Lage gespielt werden. Fällt der Ball dicht an die Abschlagsmarkierung, kann diese, um den Ball zu spielen, weggenommen und danach wieder an der gleichen Stelle eingesetzt werden.

Sfiorare la palla senza farla cadere dal supporto (Colpo a vuoto)
Il giocatore, nell'eseguire il colpo, ha sfiorato la palla senza farla cadere dal supporto. Egli ha mancato la palla ma il colpo conta comunque.

Rozar la bola sin que ésta caiga del soporte (Golpe al aire)
El jugador ha rozado la bola al ejecutar su golpe sin que ésta haya caído del soporte. El jugador ha fallado el golpe y éste cuenta como tal.

Den Ball streifen, ohne daß dieser vom Tee fällt (Luftschlag)
Der Spieler hat beim Ausführen seines Schlages den Ball gestreift, ohne daß dieser vom Tee gefallen ist. Dem Spieler ist sein Schlag zwar mißlungen, er wird jedoch als solcher gezählt.

Sull'area di partenza
En el lugar de salida
Am Abschlag

Schiacciare dietro la palla
Prima di eseguire il primo colpo nell'area di partenza, il giocatore può, senza penalità, schiacciare l'erba dietro la palla.

Pisar detrás de la bola
Antes de ejecutar el primer golpe en el lugar de salida, el jugador puede pisar el césped situado detrás de su bola sin incurrir en penalidad.

Hinter den Ball treten
Vor Durchführung des ersten Schlags am Abschlag darf der Spieler das Gras hinter dem Ball straflos niedertreten.

Verifica e dichiarazione del vantaggio
Prima di restituire la carta il giocatore deve verificare che il vantaggio segnato sia giusto. Se la carta viene consegnata con un vantaggio superiore a quello che gli spetta il giocatore è squalificato, se invece il vantaggio è inferiore esso sarà valido. In Match Play, se il giocatore inizia la partita con un vantaggio superiore a quello che gli spetta e ciò influisce sul numero di colpi dati o ricevuti, verrà squalificato, altrimenti il giocatore giocherà col vantaggio dichiarato.

Verificación y declaración del hándicap
Antes de devolver la tarjeta, el jugador debe comprobar que el hándicap anotado es el correcto. Si la entrega con un hándicap superior al que tiene derecho, será descalificado, y si es menor, éste será el válido. En Match Play, si el jugador comienza el partido con un hándicap declarado superior al que le corresponde que afecte al número de golpes dados o recibidos, será descalificado, de lo contrario, el jugador jugará con el hándicap declarado.

Überprüfung und Angabe der Vorgabe
Vor Rückgabe der Zählkarte muß der Spieler überprüfen, ob die eingetragene Vorgabe richtig ist. Gibt er die Zählkarte mit einer höheren Vorgabe ab, als die ihm zustehende, wird er disqualifiziert; im Falle einer niedrigeren ist die angegebene gültig. Wenn beim Lochspiel der Spieler die Partie mit einer höheren als der ihm zustehenden Vorgabe beginnt und diese die Anzahl der gemachten oder erhaltenen Schläge beeinträchtigt, wird er disqualifiziert. Ansonsten spielt der Spieler mit der eingetragenen Vorgabe.

**Nel fairway
En la calle
Auf dem Fairway**

4 Nel fairway
En la calle
Auf dem Fairway

Nel fairway
En la calle
Auf dem Fairway

Eseguire il secondo colpo
Il giocatore la cui palla giace più lontano dalla buca è quello che deve giocare per primo. Per sicurezza e cortesia, i giocatori che gli sono vicini devono mantenersi di fronte e un po' arretrati rispetto alla sua palla.

Jugar el segundo golpe
El jugador cuya bola esté más lejos del agujero es el que debe jugar primero. Por seguridad y cortesía, los jugadores que estén próximos a él deberían colocarse enfrente del jugador, un poco retrasados de su bola.

Spielen des zweiten Schlags
Der Spieler, dessen Ball am weitesten vom Loch entfernt liegt, spielt als erster. Aus Gründen der Sicherheit und Höflichkeit bleiben Mitspieler, die in seiner Nähe sind, vor dem Spieler, jedoch ein wenig hinter dessen Ball.

Schiacciare dietro la palla
Il giocatore schiaccia l'erba dietro la palla ed incorre nella penalità relativa.

Pisar detrás de la bola
El jugador está pisando el césped detrás de su bola, por lo que incurre en penalidad.

Hinter den Ball treten
Der Spieler tritt das Gras hinter seinem Ball nieder, wofür er mit einer Strafe belegt wird.

Nel fairway
En la calle
Auf dem Fairway

Palla su un irrigatore
La giocatrice può alzare e droppare la palla entro la distanza massima di un bastone dal punto del campo di gioco più vicino a quello dove la palla potrebbe essere giocata ovviando all'interferenza con l'irrigatore, che non si trovi in un ostacolo, né sul green e senza avvicinarsi alla buca. (Vedi a pag. 26-28)

Bola sobre un aspersor
La jugadora puede levantar y dropar la bola sin penalidad dentro de la distancia máxima de un palo del punto más cercano en el que la bola podría ser jugada evitando la interferencia del aspersor, que no sea en un obstáculo ni en un green y sin acercarse al agujero. (Ver páginas 26-28)

Ball im Sprengwasserauslaß
Die Spielerin darf den Ball straflos aufnehmen und ihn innerhalb einer Entfernung von einer Schlägerlänge vom nächstgelegenen Punkt, von dem der Ball ohne Behinderung durch den Sprengwasserauslaß gespielt werden könnte, fallenlassen, jedoch nicht in einem Hindernis, nicht auf einem Grün und nicht näher zum Loch (Siehe Seiten 26-28).

Bola junto a un aspersor
Al tratar de jugar la bola los pies del jugador pisan el aspersor, por lo que éste puede levantar y dropar la bola sin penalidad dentro de la distancia máxima de un palo del punto más cercano en el que la bola podría ser jugada evitando la interferencia del aspersor, que no sea en un obstáculo ni en un green y sin acercarse al agujero. (Ver páginas 26-28)

Palla accanto ad un irrigatore
I piedi del giocatore calpestano l'irrigatore quando egli gioca la palla, di conseguenza, può alzare e droppare la palla, senza penalità, entro la distanza massima di un bastone dal punto del campo di gioco più vicino a quello in cui la palla potrebbe essere giocata ovviando all'interferenza con l'irrigatore, che non sia in un ostacolo, né sul green e senza avvicinarsi alla buca. (Vedi a pag. 26-28)

Ball nahe bei einem Sprengwasserauslaß
Beim Versuch, den Ball zu spielen, stehen die Füße des Spielers auf dem Sprengwasserauslaß; er darf den Ball aufnehmen und ihn straflos innerhalb der maximalen Entfernung einer Schlägerlänge von der nächstgelegenen Stelle fallenlassen, von wo der Ball ohne Behinderung durch den Sprengwasserauslaß gespielt werden könnte; jedoch nicht in einem Hindernis, nicht auf einem Grün und nicht näher zum Loch. (Siehe Seiten 26-28)

Nel fairway
En la calle
Auf dem Fairway

Palla accanto ad una bottiglia
La giocatrice può rimuovere la bottiglia senza penalità. Se nel farlo la palla viene mossa, questa dovrà essere ripiazzata nella sua posizione originale.

Bola junto a una botella
La jugadora puede retirar la botella sin penalidad. Si al hacerlo la bola se mueve, ésta debe ser repuesta en su posición inicial.

Ball liegt neben einer Flasche
Die Spielerin darf die Flasche straflos entfernen. Bewegt sich dabei der Ball, muß er in seine ursprüngliche Position zurückgelegt werden.

Palla che giace su una lattina
Il giocatore può alzare la palla senza penalità, rimuovere la lattina, e droppare la palla il più vicino possibile al punto dove giaceva la palla, ma non più vicino alla buca.

Bola que reposa sobre un bote
El jugador puede levantar la bola sin penalidad y retirar el bote, dropando la bola tan cerca como sea posible debajo del punto en el que reposaba la bola, pero no más cerca del agujero.

Ball liegt auf einer Büchse
Der Spieler darf den Ball straflos aufnehmen, die Büchse entfernen und den Ball so nahe wie möglich unterhalb der Stelle, wo der Ball lag, nicht näher zum Loch, fallenlassen.

Nel fairway
En la calle
Auf dem Fairway

Due palle che giacciono vicine
Quando due palle si trovano in tale situazione, si alza la palla più vicina alla buca, marcandola preventivamente, e la si ripiazza dopo aver eseguito il colpo con l'altra palla. Se nell'eseguire il colpo il punto dove giaceva la palla viene modificato, questa verrà piazzata nel punto più vicino e più simile a quello dove giaceva inizialmente, entro la distanza di un bastone, ma non più vicino alla buca, né in un ostacolo. Quando la palla viene alzata in questa circostanza non la si può pulire.

Dos bolas juntas o próximas entre sí
Cuando dos bolas se encuentran en esta situación, se levantará la más adelantada marcándola previamente, reponiéndola una vez efectuado el golpe con la otra bola. Si con el golpe se altera el lugar de reposo de la bola, ésta se colocará en el lugar más cercano y más parecido al lugar de reposo original, dentro de la distancia de un palo, pero no más cerca del agujero, ni en un obstáculo. Al levantar así la bola, ésta no puede ser limpiada.

Zwei Bälle liegen dicht beieinander
Wenn sich zwei Bälle in dieser Situation befinden, wird der dem Loch näherliegende zuerst markiert und dann aufgenommen und, nachdem der andere Ball geschlagen wurde, wieder hingelegt. Wird durch den Schlag die Lage des anderen Balls verändert, wird er an der nächstgelegenen und dem ursprünglichen Ort des Balls ähnlichsten Stelle wieder hingelegt, und zwar innerhalb einer Schlägerlänge, aber nicht näher zum Loch und nicht in einem Hindernis. In diesem Fall darf der Ball nicht gereinigt werden.

Palla che giace su di un ramoscello
Se nel tentativo di rimuovere il ramoscello la palla si muove si incorre nella penalità di un colpo. Per evitare la penalitá, la palla deve essere giocata come si trova.

Bola que reposa sobre una rama
Si al tratar de retirar la rama la bola se desplaza, se incurrirá en un golpe de penalidad. Para evitarlo, se deberá jugar la bola tal como se encuentra.

Ball liegt auf einem Zweig
Wenn sich beim Versuch, den Zweig zu entfernen, der Ball bewegt, wird dies mit einem Strafschlag belegt. Zur Vermeidung dessen sollte der Ball gespielt werden, wie er liegt.

Nel fairway
En la calle
Auf dem Fairway

Palla che colpisce una palla ferma
La palla colpita deve essere ripiazzata nella sua posizione originale o se non si conosce il punto esatto, droppata nel punto più vicino a quello dove si trovava. L'altra palla deve essere giocata nella posizione in cui si trova.

Bola que golpea a otra en reposo
La bola golpeada debe ser repuesta en su posición inicial o dropada en el lugar más próximo en el que se encontraba si no se conoce el punto exacto. La otra bola debe ser jugada en la posición en la que ha quedado.

Ball berührt einen anderen in Ruhe befindlichen Ball
Der berührte Ball muß in seine ursprüngliche Lage zurückgelegt oder, ist die genaue Lage nicht bekannt, an der nächstgelegenen Stelle zur ursprünglichen fallengelassen werden. Der andere Ball wird von der Stelle gespielt, an der er liegengeblieben ist.

Palla accanto ad una pigna
La giocatrice può rimuovere la pigna senza penalità, a condizione che, nel farlo la palla non si muova. Se ciò dovesse accadere, la giocatrice incorrerà nella penalità di un colpo e dovrà ripiazzare la palla nella sua posizione originale.

Bola junto a una piña
La jugadora puede retirar la piña sin penalidad siempre que la bola no se mueva al hacerlo. Si esto ocurre, la jugadora incurre en un golpe de penalidad, debiendo reponer la bola en su posición inicial.

Ball liegt dicht bei einem Kiefernzapfen
Die Spielerin darf straflos den Kiefernzapfen entfernen, jedoch ohne den Ball dabei zu bewegen. Bewegt er sich doch, bekommt die Spielerin einen Strafschlag und der Ball muß an seinen Ursprungsort zurückgelegt werden.

Nel fairway
En la calle
Auf dem Fairway

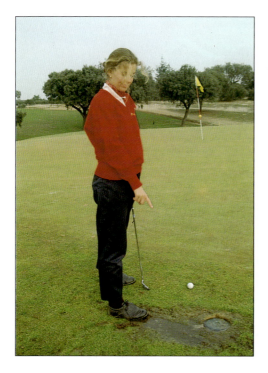

Palla accanto ad una pozzanghera
I piedi della giocatrice sono nell'acqua, quindi ella può alzare e droppare la palla senza penalità entro la distanza massima di un bastone dal punto del campo di gioco più vicino a quello in cui la palla potrebbe essere giocata evitando la pozzanghera, che non sia in un ostacolo, né in un green e non più vicino alla buca. (Vedi a pag. 20-24)

Bola junto a un charco de agua
Los pies de la jugadora pisan sobre el agua, por lo que ésta puede levantar y dropar la bola sin penalidad dentro de la distancia máxima de un palo desde el punto más cercano en el que la bola podría ser jugada evitando el charco, que no sea en un obstáculo ni en un green y sin acercarse al agujero. (Ver páginas 20-24)

Ball liegt bei einer Pfütze
Die Füsse der Spielerin stehen im Wasser; sie darf den Ball straflos aufnehmen und ihn innerhalb der maximalen Entfernung einer Schlägerlänge von dem nächstgelegenen Punkt, von dem aus der Ball ohne Behinderung durch die Pfütze gespielt werden könnte, fallenlassen, jedoch nicht in einem Hindernis, nicht auf einem Grün und nicht näher zum Loch (Siehe Seiten 20-24).

Palla in una pozzanghera
Il giocatore può alzare la palla e dropparla senza penalità entro la distanza massima di un bastone dal punto del campo di gioco più vicino a quello in cui la palla potrebbe essere giocata evitando la pozzanghera, che non sia in un ostacolo, né in green e non più vicino alla buca. (Vedi a pag. 20-24)

Bola en un charco de agua
El jugador puede levantar la bola y dropparla sin penalidad dentro de la distancia máxima de un palo del punto más cercano en el que la bola podría ser jugada evitando el charco, que no sea en un obstáculo ni en un green y sin acercarse al agujero. (Ver páginas 20-24)

Ball liegt in einer Pfütze
Der Spieler darf den Ball straffrei aufnehmen und ihn innerhalb einer Schlägerlänge von dem nächstgelegenen Punkt, von dem aus der Ball ohne Behinderung durch die Pfütze gespielt werden könnte, fallenlassen, jedoch nicht in einem Hindernis, nicht auf einem Grün und nicht näher zum Loch (Siehe Seiten 20-24).

Nel fairway
En la calle
Auf dem Fairway

Giocare una palla sbagliata
Il giocatore che ha erroneamente giocato una palla diversa da quella giocata col colpo precedente incorre nella penalità. Se il giocatore non rettifica il suo errore prima di eseguire un colpo dalla successiva area di partenza o, nel caso dell'ultima buca del giro, egli non dichiara la sua intenzione di correggere l'errore prima di abbandonare il green, verrà squalificato. In Match Play il giocatore perderà la buca.

Jugar una bola equivocada
El jugador está jugando por error una bola distinta de la que jugó en el golpe anterior, por lo que incurre en penalidad. Si el jugador no rectifica su error antes de ejecutar el primer golpe desde el siguiente lugar de salida o, en el caso del último hoyo de la vuelta, no declara su intención de corregir su error antes de abandonar el green, será descalificado. En Match Play el jugador perderá el hoyo.

Einen falschen Ball spielen
Der Spieler spielt irrtümlich einen anderen Ball als den, mit dem er den vorherigen Schlag durchgeführt hat, was ihm eine Strafe einbringt. Berichtigt der Spieler seinen Fehler nicht vor Beginn des nächsten Lochs oder, im Fall des letzten Lochs der Runde, bekundet er nicht seine Absicht zur Fehlerkorrektur vor Verlassen des Grüns, wird er disqualifiziert. Beim Lochspiel verliert er das Loch.

Indicare la sua linea di gioco con un bastone
La giocatrice ha messo un bastone per terra per indicare la sua linea di gioco. Se esegue il colpo senza rimuovere il bastone, incorre nella penalità.

Indicarse la línea de juego con un palo
La jugadora ha colocado un palo en el suelo para indicarse la línea de juego. Si ejecuta el golpe sin retirar el palo, incurre en penalidad.

Bestimmen der Spiellinie mit dem Schläger
Die Spielerin hat einen Schläger auf den Boden gelegt, um die Spiellinie zu bestimmen. Führt sie den Schlag aus, ohne den Schläger vorher zu entfernen, zieht sie sich eine Strafe zu.

Nel fairway
En la calle
Auf dem Fairway

Indicare la linea di gioco
La giocatrice può farsi indicare la linea di gioco da chiunque, questo però non può restare sulla linea quando la giocatrice esegue il colpo, l'infrazione comporta una penalità per la giocatrice.

Indicación de línea de juego
La jugadora puede hacerse indicar la línea de juego por otra persona, pero ésta no puede permanecer en esa línea cuando la jugadora ejecuta el golpe, ya que si lo hace incurre en penalidad.

Bestimmen der Spiellinie
Die Spielerin kann sich von einer anderen Person die Spiellinie bestimmen lassen; diese darf jedoch nicht in dieser Linie verweilen, wenn die Spielerin den Schlag ausführtt; denn wenn sie dies tut, zieht sie sich eine Strafe zu.

Palla mossa nel marcarne la posizione
La giocatrice nel marcare la posizione della palla l'ha mossa accidentalmente ma non incorre in penalità. La palla deve essere ripiazzata nella sua posizione originale.

Bola movida al tratar de marcarla
Al tratar de marcar la bola la jugadora la ha movido involuntariamente, aunque por ello no incurre en penalidad. La bola debe ser repuesta en su posición inicial.

Ball bewegt sich beim Markieren
Beim Versuch, den Ball zu markieren, hat ihn die Spielerin versehentlich bewegt. Dies ist straflos. Der Ball muß an seine ursprüngliche Stelle zurückgelegt werden.

Nel fairway
En la calle
Auf dem Fairway

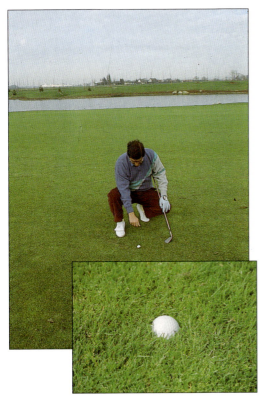

Palla infossata
Una palla rimasta infossata nel suo "pitch-mark" in un'area accuratamente rasata può essere alzata, pulita e droppata senza penalità, il più vicino possibile al punto in cui si trovava, non più vicino alla buca.

Bola empotrada o clavada
La bola ha quedado clavada en su propio impacto en una zona segada a ras. Esta bola puede ser levantada, limpiada y dropada sin penalidad, lo más cerca posible del lugar en el que estaba, sin acercarse al agujero.

Ball eingebettet
Der Ball ist in einer kurzgemähten Fläche im Gelände in seinem eigenen Einschlagsloch im Boden eingebettet. Er darf straflos aufgenommen, gereinigt und so nahe wie möglich bei seiner ursprünglichen Stelle, nicht näher zum Loch, fallengelassen werden.

Palla coperta di fango (Non identificata)
La giocatrice può alzare la palla e pulirla dal fango nella misura strettamente necessaria per riuscire ad identificarla. Prima di farlo deve peró rendere nota la sua intenzione al suo marcatore e marcarne la posizione. Se non lo fa incorre nella penalità di un colpo.

Bola cubierta de barro (Sin identificar)
La jugadora puede levantar la bola y quitar el barro lo estrictamente necesario para su identificación. Antes de hacerlo, debe avisar a su marcador y marcar la bola. Si no lo hace, incurre en un golpe de penalidad.

Ball mit Schmutz bedeckt (Nicht identifiziert)
Die Spielerin darf den Ball aufnehmen und den Schmutz soweit entfernen, wie es zu seiner Identifikation nötig ist. Bevor sie den Ball aufnimmt, muß sie ihrem Zähler ihre Absicht ankündigen. Versäumt sie dies, zieht sie sich einen Strafschlag zu.

63

Nel fairway
En la calle
Auf dem Fairway

Palla su un albero
Il giocatore può giocare la palla dove si trova oppure dichiararla ingiocabile con la penalità di un colpo. (Vedi a pag. 14-17)

Bola en un árbol
El jugador puede jugar la bola tal como se encuentra o declararla injugable con un golpe de penalidad. (Ver páginas 14-17)

Ball in einem Baum
Der Spieler darf den Ball so spielen, wie er liegt oder ihn unter Hinzurechnung eines Strafschlags für unspielbar erklären (Siehe Seiten 14-17).

Palla in terreno in riparazione
La giocatrice può alzare la palla e dropparla senza penalità entro la distanza massima di un bastone dal punto, del campo di gioco, più vicino a quello in cui la palla potrebbe essere giocata evitando il terreno in riparazione, che non sia in un ostacolo, né sul green e non più vicino alla buca. (Vedi a pag. 20-24)

Bola en terreno en reparación
La jugadora puede levantar la bola y dropparla sin penalidad dentro de la distancia máxima de un palo del punto más cercano en el que la bola podría ser jugada evitando el terreno en reparación, que no sea en un obstáculo ni en un green y sin acercarse al agujero. (Ver páginas 20-24)

Ball in Boden in Ausbesserung
Die Spielerin darf den Ball aufnehmen und ihn straflos innerhalb der maximalen Entfernung einer Schlägerlänge von dem nächstgelegenen Punkt fallenlassen, von dem der Ball ohne Behinderung durch den Boden in Ausbesserung gespielt werden könnte, jedoch nicht in einem Hindernis, nicht auf einem Grün und nicht näher zum Loch (Siehe Seiten 20-24).

64

Nel fairway
En la calle
Auf dem Fairway

Palla su neve o ghiaccio
La giocatrice può alzare e droppare la palla senza penalità entro la distanza massima di un bastone dal punto, del campo di gioco più vicino a quello in cui la palla potrebbe essere giocata evitando la neve, che non sia in un ostacolo, né sul green e non più vicino alla buca. (Vedi a pag. 20-24)

Bola sobre nieve o hielo
La jugadora puede levantar y dropar la bola sin penalidad dentro de la distancia máxima de un palo desde el punto más cercano en el que la bola podría ser jugada evitando la nieve, que no sea en un obstáculo ni en un green y sin acercarse al agujero. (Ver páginas 20-24)

Ball in Schnee oder Eis
Die Spielerin darf den Ball aufnehmen und ihn straflos innnerhalb der maximalen Entfernung einer Schlägerlänge von dem nächstgelegenen Punkt fallenlassen, von dem aus der Ball ohne Behinderung durch den Schnee gespielt werden könnte, jedoch nicht in einem Hindernis, nicht auf einem Grün und nicht näher zum Loch (Siehe Seiten 20-24).

Palla accanto ad un terreno coperto di neve
Nel prendere la posizione dei piedi, i piedi della giocatrice sono sulla neve, per cui può alzare e droppare la palla senza penalità, entro la distanza massima di un bastone dal punto del campo più vicino a quello in cui la palla potrebbe essere giocata evitando la neve, che non sia in un ostacolo, né sul green e non più vicino alla buca. (Vedi a pag. 20-24)

Bola próxima a un terreno cubierto por nieve
Al colocarse a la bola los pies de la jugadora pisan sobre la nieve, por lo que puede levantar y dropar la bola sin penalidad dentro de la distancia máxima de un palo desde el punto más cercano en el que la bola puede ser jugada evitando la nieve, que no sea en un obstáculo ni en un green y sin acercarse al agujero. (Ver páginas 20-24)

Ball liegt dicht bei schneebedecktem Boden
Steht die Spielerin beim Ansprechen des Balls mit den Füßen im Schnee, darf sie den Ball aufnehmen und ihn straflos innerhalb der maximalen Entfernung einer Schlägerlänge von dem nächstgelegenen Punkt fallenlassen, von dem aus der Ball ohne Behinderung durch den Schnee gespielt werden könnte, jedoch nicht in einem Hindernis, nicht auf einem Grün und nicht näher zum Loch (Siehe Seiten 20-24).

Nel fairway
En la calle
Auf dem Fairway

Palla sul fairway accanto ad un paletto che delimita un ostacolo d'acqua
Il giocatore può rimuovere il paletto senza penalità. Se nel farlo la palla viene mossa, essa deve essere ripiazzata nella sua posizione iniziale. Se il paletto è fissato a terra o è dichiarato inamovibile dal Comitato, la palla può essere droppata senza penalità, entro la distanza massima di un bastone dal punto del campo più vicino a quello in cui la palla potrebbe essere giocata ovviando all'interferenza con il paletto, che non sia in un ostacolo, né sul green e non più vicino alla buca. (Vedi a pag. 26-28)

Bola en calle próxima a una estaca de un obstáculo de agua
El jugador puede retirar la estaca sin penalidad. Si al hacerlo la bola se mueve, ésta deberá ser repuesta en su posición inicial. Si la estaca está fija al suelo o es declarada inamovible por el Comité, la bola puede ser dropada sin penalidad, dentro de la distancia máxima de un palo desde el punto más cercano en el que la bola podría ser jugada evitando la interferencia de la estaca, que no sea en un obstáculo ni en un green y sin acercarse al agujero. (Ver páginas 26-28)

Ball auf dem Fairway dicht bei einer Wasserhindernismarkierung
Der Spieler darf die Markierung ohne Strafe wegnehmen. Bewegt sich dabei der Ball, muß er in seine ursprüngliche Lage zurückgelegt werden. Ist die Markierung mit dem Boden verankert oder von der Spielleitung als unbeweglich erklärt worden, kann der Ball straffrei innerhalb einer Schlägerlänge von dem nächstgelegenen Punkt fallengelassen werden, von dem aus der Ball ohne Behinderung durch die Markierung gespielt werden könnte, jedoch nicht in einem Hindernis, nicht auf einem Grün und nicht näher zum Loch (Siehe Seiten 26-28).

Bola movida con el pie
Si la bola de un jugador es movida por él mismo, por su compañero o por sus caddies, incurre en un golpe de penalidad, debiendo reponer la bola.
Si la bola es movida por un jugador competidor o por su caddie, el jugador no incurre en penalidad. En Match Play el jugador incurre en un golpe de penalidad, a no ser que la bola sea movida durante su búsqueda. En ambos casos, la bola debe ser repuesta.

Palla mossa col piede
Se la palla è mossa dal giocatore, dal suo partner o dai loro portabastoni, il giocatore incorre nella penalità di un colpo e deve ripiazzare la palla.
Se la palla viene mossa da un avversario o dal suo portabastoni, il giocatore non incorre in alcuna penalità. In Match Play il giocatore incorre nella penalità di un colpo, a meno che la palla venga mossa durante la ricerca. In entrambi i casi la palla deve essere ripiazzata.

Ball mit dem Fuß bewegt
Wird der Ball eines Spielers vom Spieler selbst, seinem Partner oder ihren Caddies bewegt, bedeutet dies einen Strafschlag. Der Ball muß wieder zurückgelegt werden.
Wird der Ball von einem gegnerischen Spieler oder dessen Caddie bewegt, so ist das straflos. In einem Lochspiel zieht sich dieser Spieler einen Strafschlag zu, es sei denn, der Ball wird beim Suchen bewegt. In beiden Fällen muß der Ball zurückgelegt werden.

Nel fairway
En la calle
Auf dem Fairway

Palla mossa nel toccare un impedimento sciolto
Se una palla si muove dopo che un qualunque impedimento sciolto è stato toccato entro la distanza di un bastone dalla palla, si considera che la palla sia stata mossa dal giocatore, per cui egli incorre nella penalità di un colpo. La palla deve essere ripiazzata nella sua posizione originale.

Bola que se mueve al tocar un impedimento suelto
Si al tocar cualquier impedimento suelto dentro de la distancia de un palo de la bola ésta se mueve, se considera que la bola ha sido movida por el jugador, por lo que éste incurre en un golpe de penalidad. La bola debe ser repuesta en su posición inicial.

Ball bewegt sich beim Berühren eines losen hinderlichen Naturstoffes
Bewegt sich der Ball, wenn die Spielerin irgendwelche losen hinderlichen Naturstoffe berührt, die innerhalb einer Schlägerlänge vom Ball liegen, so gilt der Ball als von der Spielerin bewegt und sie zieht sich einen Strafschlag zu. Der Ball muß an seine ursprüngliche Position zurückgelegt werden.

Nel fairway
En la calle
Auf dem Fairway

Ostruzione che interferisce con il movimento che si intende effettuare
Il giocatore può droppare la palla senza penalità entro la distanza massima di un bastone dal punto del campo di gioco, più vicino a quello in cui la palla può essere giocata ovviando all'interferenza con la panca, che non sia in un ostacolo, né sul green e non più vicino alla buca. (Vedi a pag. 26-28)

Obstrucción que interfiere con el área del swing
El jugador puede dropar la bola sin penalidad dentro de la distancia máxima de un palo del punto más cercano en el que la bola puede ser jugada evitando la interferencia del banco, que no sea en un obstáculo ni en un green y sin acercarse al agujero. (Ver páginas 26-28)

Hemmnis beeinträchtigt den Raum des Schwungs
Der Spieler darf den Ball straffrei innerhalb einer Schlägerlänge von dem nächstgelegenen Punkt fallenlassen, von dem aus der Ball ohne Behinderung durch die Bank gespielt werden könnte, jedoch nicht in einem Hindernis, nicht auf einem Grün und nicht näher zum Loch (Siehe Seiten 26-28).

Ostruzione sulla linea di gioco
Il giocatore ha un'ostruzione sulla sua linea di gioco, ma non ha diritto ad ovviare all'interferenza senza penalità.

Obstrucción en la línea de juego
El jugador tiene una obstrucción en la línea de juego, no teniendo derecho a aliviarse sin penalidad.

Hemmnis in der Spiellinie
In der Spiellinie des Spielers befindet sich ein Hemmnis; der Spieler hat kein Recht, straffrei Erleichterung in Anspruch zu nehmen.

Nel fairway
En la calle
Auf dem Fairway

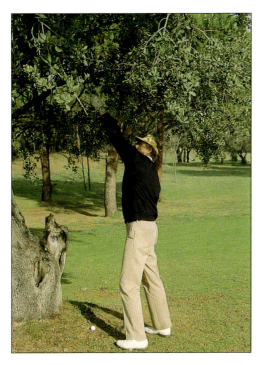 

Rami di alberi che ostacolano il movimento del giocatore
Il giocatore piega i rami dell'albero che ostacolano il movimento che intende effettuare, quindi incorre nella penalità, anche la giocatrice incorre nella penalità perchè viene aiutata da un'altra persona mentre esegue il colpo.

Ramas de árbol que dificultan el swing
El jugador está incurriendo en penalidad al doblar las ramas del árbol que dificultan su swing. La jugadora también incurre en penalidad, ya que no puede ser ayudada por otra persona para efectuar el golpe.

Zweige eines Baumes erschweren den Schwung
Der Spieler zieht sich eine Strafe zu, wenn er die Zweige des Baums, die seinen Schwung erschweren, abknickt. Die Spielerin bekommt ebenfalls eine Strafe, da sie sich nicht von einer anderen Person helfen lassen darf, um ihren Schlag durchzuführen.

5

Nel rough
En el rough
Im Rough

Nel rough
En el rough
Im Rough

Due palle che giacciono vicine
Quando due palle si trovano in questa situazione, si alza la palla più vicina alla buca, marcandola preventivamente, e la si ripiazza dopo aver eseguito il colpo con l'altra palla. Se nell'eseguire il colpo il punto dove giaceva la palla viene modificato, questa verrà piazzata nel punto più vicino e più simile a quello dove giaceva inizialmente, entro la distanza di un bastone, non più vicino alla buca, né in un ostacolo. Quando la palla viene alzata in questa circostanza non la si può pulire.

Dos bolas juntas o próximas entre sí
Cuando dos bolas se encuentran en esta situación, se levantará la más adelantada marcándola previamente, reponiéndola una vez efectuado el golpe con la otra bola. Si con el golpe se altera el lugar de reposo de la bola, ésta se colocará en el lugar más cercano y más parecido al lugar de reposo original, dentro de la distancia de un palo, pero no más cerca del agujero, ni en un obstáculo. Al levantar así la bola, ésta no puede ser limpiada.

Zwei Bälle nebeneinander oder dicht beieinander
Wenn sich zwei Bälle in dieser Situation befinden, wird der dem Loch am nächsten zuerst markiert und, nachdem der Schlag mit dem anderen Ball durchgeführt ist, wieder zurückgelegt. Wird durch den Schlag die Stelle verändert, an der der Ball gelegen hat, wird er innerhalb einer Schlägerlänge an einer Stelle hingelegt, die der ursprünglichen am nächsten und am ähnlichsten ist, jedoch nicht näher zum Loch und nicht in einem Hindernis. Wird der Ball aus diesem Grunde aufgenommen, darf er nicht gereinigt werden.

Palla nascosta nell'erba
Il giocatore può toccare e muovere l'erba intorno alla palla per identificarla, senza però migliorarne la posizione né muoverla, altrimenti il giocatore incorre nella penalità.

Bola escondida en la hierba
El jugador puede tocar y mover la hierba próxima a la bola para identificarla, sin mejorar la posición de la misma ni desplazarla. Si esto ocurre, el jugador incurre en penalidad.

Ball von Gras bedeckt
Der Spieler darf das Gras um den Ball herum berühren und bewegen, um den Ball zu identifizieren, ohne dabei die Position des Balles zu verbessern oder seine Lage zu verändern. Geschieht dies, zieht er sich eine Strafe zu.

Nel rough
En el rough
Im Rough

Palla accanto ad una bottiglia
La giocatrice può rimuovere la bottiglia senza penalità. Se nel farlo la palla si muove, la si dovrà ripiazzare nella sua posizione originale.

Bola junto a una botella
La jugadora puede retirar la botella sin penalidad. Si al hacerlo la bola se mueve, ésta deberá ser repuesta en su posición inicial.

Ball dicht bei einer Flasche
Die Spielerin darf die Flasche straffrei entfernen. Bewegt sie dabei den Ball, muß dieser in seine ursprüngliche Lage zurückgelegt werden.

Palla sull'erba tagliata ed abbandonata sul campo
La palla che giace sull'erba tagliata ed abbandonata sul campo deve essere giocata come si trova oppure dichiarata ingiocabile. (Vedi a pag. 14-17)

Bola en un montón de hierba abandonada
La bola reposa en un montón de hierba abandonada, por lo que el jugador la tiene que jugar tal como está o declararla injugable. (Ver páginas 14-17)

Ball in angehäuftem abgeschnittenem Gras
Bleibt der Ball in angehäuftem abgeschnittenem Gras liegen, muß ihn der Spieler von der Stelle spielen, wo er liegt, oder ihn für unspielbar erklären (Siehe Seiten 14-17).

Nel rough
En el rough
Im Rough

Palla che giace dentro un bicchiere
La giocatrice può alzare la palla senza penalità, rimuovere il bicchiere, quindi droppare la palla il più vicino possibile al punto dove si trovava, ma non più vicino alla buca.

Bola que reposa dentro de un vaso
La jugadora puede levantar la bola sin penalidad y retirar el vaso, dropando la bola tan cerca como sea posible del punto inmediatamente debajo del lugar donde reposaba la bola, sin acercarse al agujero.

Ball bleibt in einem Becher liegen
Die Spielerin darf den Ball straffrei aufnehmen, den Becher entfernen und dann den Ball so nahe wie möglich unterhalb des Punktes, an dem der Ball zum Liegen kam, fallenlassen, jedoch nicht näher zum Loch.

Palla su una pietra infossata
Qualunque pietra infossata è parte integrante del campo di gioco, la giocatrice deve quindi giocare la palla come si trova oppure dichiararla ingiocabile. (Vedi a pag. 14-17)

Bola sobre una piedra fija
Cualquier piedra fija forma parte del campo, por lo que la jugadora debe jugar la bola como se encuentra o declararla injugable. (Ver páginas 14-17)

Ball auf einem festen Stein
Jeder feste Stein ist Bestandteil des Platzes, weshalb die Spielerin den Ball von der Stelle spielen muß, wo er liegt, oder ihn für unspielbar erklären (Siehe Seiten 14-17).

Nel rough
En el rough
Im Rough

Palla accanto ad una pietra sciolta
La giocatrice può togliere la pietra senza incorrere in alcuna penalità a condizione che la palla non venga mossa. Se la palla viene mossa, la giocatrice incorre nella penalità di un colpo e deve ripiazzare la palla nella sua posizione originale.

Bola junto a una piedra no fija
La jugadora puede retirar la piedra sin incurrir en penalidad, siempre que la bola no se mueva. Si la bola se mueve, incurre en un golpe de penalidad, debiendo reponer la bola en su posición inicial.

Ball dicht bei einem losen Stein
Die Spielerin darf den Stein straffrei entfernen, solange sich der Ball dabei nicht bewegt. Bewegt er sich, zieht sie sich einen Strafschlag zu; der Ball muß an seine ursprüngliche Stelle zurückgelegt werden.

Palla su una pietra sciolta
Il giocatore deve giocare la palla come si trova oppure dichiararla ingiocabile.(Vedi a pag.14-17)

Bola sobre una piedra no fija
El jugador debe jugar la bola como se encuentra o declararla injugable. (Ver páginas 14-17)

Ball auf einem losen Stein
Der Spieler muß den Ball von dort spielen, wo er sich befindet oder ihn für unspielbar erklären (Siehe Seiten 14-17).

Nel rough
En el rough
Im Rough

Palla coperta di fango (Non identificata)
La giocatrice può alzare la palla e pulirla dal fango nella misura strettamente necessaria per riuscire ad identificarla. Prima di farlo deve rendere nota la sua intenzione al suo marcatore e marcarne la posizione. Se omette di farlo incorre nella penalità di un colpo.

Bola cubierta de barro (Sin identificar)
El jugador puede levantar la bola y quitar el barro lo estrictamente necesario para su identificación. Antes de levantarla, el jugador deberá avisar a su marcador y marcar la bola. Si no lo hace así, el jugador incurre en un golpe de penalidad.

Ball mit Schmutz bedeckt (Nicht identifiziert)
Der Spieler darf den Ball aufnehmen und dem Schmutz nur so weit entfernen, wie dies zu seiner Identifikation notwendig ist. Bevor er den Ball aufnimmt, muß der Spieler seinen Zähler unterrichten und den Ball markieren. Verfährt er nicht entsprechend, zieht er sich einen Strafschlag zu.

Palla su una foglia
Se la palla viene mossa nel rimuovere la foglia, la giocatrice incorre nella penalità di un colpo e deve ripiazzare la palla nella sua posizione iniziale.

Bola sobre una hoja
Si al retirar la hoja la bola se mueve, la jugadora incurre en un golpe de penalidad, debiendo reponer la bola en su posición inicial.

Ball auf einem Blatt
Bewegt sich der Ball beim Entfernen des Blattes, bekommt die Spielerin einen Strafschlag angerechnet. Der Ball wird an seine ursprüngliche Position zurückgelegt replacer la balle à l'endroit où elle reposait.

Nel rough
En el rough
Im Rough

Palla infossata
La palla rimasta infossata nel suo "pitch mark" nel rough deve essere giocata come si trova o deve essere dichiarata ingiocabile. (Vedi a pag. 14-17)

Bola empotrada o clavada
La bola ha quedado clavada en su propio impacto en el rough, debiendo jugarse como se encuentra o ser declarada injugable. (Ver páginas 14-17)

Ball eingebettet
Der Ball ist in seinem eigenen Einschlagloch eingebettet. Er muß von dieser Stelle gespielt oder für unspielbar erklärt werden (Siehe Seiten 14-17).

Schiacciare dietro la palla
Il giocatore non può schiacciare né l'erba né il terreno situato dietro la palla, altrimenti incorre nella penalità.

Pisar detrás de la bola
El jugador no puede pisar o aplastar el césped o el terreno situado detrás de su bola. Si hace esto, el jugador incurre en penalidad.

Rough hinter dem Ball ebnen
Der Spieler darf das Gras oder den Boden hinter dem Ball weder einebnen noch flachtreten, da er sich sonst eine Strafe zuzieht.

Nel rough
En el rough
Im Rough

Giocare una palla sbagliata
La giocatrice che ha erroneamente giocato una palla diversa da quella giocata col colpo precedente incorre nella penalità. Se la giocatrice non rettifica il suo errore prima di eseguire un colpo dalla successiva area di partenza o, nel caso dell'ultima buca del giro, non dichiara la sua intenzione di correggere l'errore prima di abbandonare il green, verrà squalificata. In Match Play la giocatrice perderà la buca.

Jugar una bola equivocada
La jugadora está jugando por error una bola distinta de la que jugó en el golpe anterior, por lo que incurre en penalidad. Si la jugadora no rectifica su error antes de ejecutar el primer golpe desde el siguiente lugar de salida o, en el caso del último hoyo de la vuelta, no declara su intención de corregir su error antes de abandonar el green, será descalificada. En Match Play la jugadora perderá el hoyo.

Spielen eines falschen Balls
Die Spielerin spielt versehentlich einen anderen Ball als den beim vorhergehenden Schlag, wofür sie eine Strafe erhält. Korrigiert sie diesen Irrtum nicht vor Durchführung des ersten Schlags vom nächsten Abschlag oder erklärt sie nicht ihre Absicht zur Korrektur vor Verlassen des Grüns, sofern es sich um das letzte Loch der Runde handelt, wird sie disqualifiziert. Im Lochspiel verliert sie das Loch.

Strappare l'erba intorno alla palla
L'erba intorno a dove giace la palla non può essere strappata, altrimenti il giocatore incorrerà nella penalità.

Arrancar la hierba junto a la bola
La hierba próxima al lugar donde reposa la bola no puede ser arrancada. Si esto sucede, el jugador incurre en penalidad.

Gras nahe beim Ball herausreißen
Das Gras nahe bei der Stelle, wo der Ball liegenbleibt, darf nicht herausgerissen werden. Geschieht dies, zieht sich der Spieler eine Strafe zu.

Nel rough
En el rough
Im Rough

Palla su un albero
Il giocatore può giocare la palla dove si trova oppure dichiararla ingiocabile. (Vedi a pag.14-17)

Bola sobre un árbol
La bola tiene que ser jugada como se encuentra o ser declarada injugable. (Ver páginas 14-17)

Ball in einem Baum
Der Ball muß von der Stelle gespielt werden, wo er sich befindet, oder für unspielbar erklärt werden (Siehe Seiten 14-17).

Palla accanto ad una pozzanghera
Nel prendere la posizione dei piedi, i piedi della giocatrice sono nell'acqua quindi ella puó alzare e droppare la palla senza penalitá entro la distanza massima di un bastone dal punto del campo di gioco piú vicino a quello in cui la palla potrebbe essere giocata evitando la pozzanghera, che non sia in un ostacolo né in green e non piú vicino alla buca. (Vedi a pag. 20-24)

Bola junto a un charco de agua
Cuando la jugadora se coloque a la bola, sus pies pisarán el agua, por lo que ésta puede levantar y dropar la bola sin penalidad dentro de la distancia máxima de un palo del punto más cercano en el que la bola podría ser jugada evitando el charco, que no sea en un obstáculo ni en un green y sin acercarse al agujero. (Ver páginas 20-24)

Ball dicht bei einer Pfütze
Wenn die Spielerin den Ball anspricht und ihre Füße dabei im Wasser stehen, kann sie den Ball aufnehmen und ihn straffrei innerhalb einer Schlägerlänge von dem nächstgelegenen Punkt fallenlassen, von dem aus der Ball ohne Behinderung durch die Pfütze gespielt werden könnte, jedoch nicht in einem Hindernis, nicht auf einem Grün und nicht näher zum Loch (Siehe Seiten 20-24).

Nel rough
En el rough
Im Rough

Palla in una pozzanghera
La giocatrice può alzare la palla e dropparla senza penalità entro la distanza massima di un bastone dal punto del campo di gioco più vicino a quello in cui la palla potrebbe essere giocata evitando la pozzanghera, che non sia in un ostacolo, né in green e non più vicino alla buca. (Vedi a pag. 20-24)

Bola en un charco de agua
La jugadora puede levantar la bola y droparla sin penalidad dentro de la distancia máxima de un palo del punto más cercano en el que la bola podría ser jugada evitando el charco, que no sea en un obstáculo ni en un green y sin acercarse al agujero. (Ver páginas 20-24)

Ball in einer Pfütze
Die Spielerin darf den Ball aufnehmen und ihn straffrei innerhalb der maximalen Entfernung einer Schlägerlänge von dem nächstgelegenen Punkt fallenlassen, von dem aus der Ball ohne Behinderung durch die Pfütze gespielt werden könnte, jedoch nicht in einem Hindernis, nicht auf einem Grün und nicht näher zum Loch (Siehe Seiten 20-24).

Palla su neve o ghiaccio
La giocatrice può alzare e droppare la palla senza penalità entro la distanza massima di un bastone dal punto del campo più vicino a quello in cui la palla potrebbe essere giocata evitando la neve, che non sia in un ostacolo, né sul green e non più vicino alla buca. (Vedi a pag. 20-24)

Bola sobre nieve o hielo
La jugadora puede levantar la bola y droparla sin penalidad dentro de la distancia máxima de un palo del punto más cercano en el que la bola puede ser jugada evitando la nieve, que no sea en un obstáculo ni en un green y sin acercarse al agujero. (Ver páginas 20-24)

Ball auf Schnee oder Eis
Die Spielerin darf den Ball aufnehmen und ihn straffrei innerhalb der maximalen Entfernung einer Schlägerlänge von dem nächstgelegenen Punkt fallenlassen, von dem aus der Ball ohne Behinderung durch den Schnee gespielt werden könnte, jedoch nicht in einem Hindernis, nicht auf einem Grün und nicht näher zum Loch (Siehe Seiten 20-24).

Nel rough
En el rough
Im Rough

Palla accanto ad un terreno coperto di neve
Nel prendere la posizione dei piedi, i piedi della giocatrice sono sulla neve, per cui può alzare e droppare la palla senza penalità, entro la distanza massima di un bastone dal punto del campo più vicino a quello in cui la palla potrebbe essere giocata evitando la neve, che non sia in un ostacolo, né sul green e non più vicino alla buca. (Vedi a pag. 20-24)

Bola próxima a un terreno cubierto de nieve
Al colocarse a la bola, los pies de la jugadora pisarán sobre la nieve, por lo que ésta puede levantar la bola y droparla sin penalidad dentro de la distancia máxima de un palo del punto más cercano en el cual la bola podría ser jugada evitando la nieve, que no sea en un obstáculo ni en un green y sin acercarse al agujero. (Ver páginas 20-24)

Ball dicht bei schneebedecktem Boden
Steht die Spielerin beim Ansprechen des Balles mit den Füßen im Schnee, darf sie den Ball aufnehmen und ihn straffrei innerhalb der maximalen Entfernung einer Schlägerlänge von dem nächstgelegenen Punkt fallenlassen, von dem aus der Ball ohne Behinderung durch den Schnee gespielt werden könnte, jedoch nicht in einem Hindernis, nicht auf einem Grün und nicht näher zum Loch (Siehe Seiten 20-24).

Palla mossa nel toccare un impedimento sciolto
Se una palla si muove dopo che un qualunque impedimento sciolto è stato toccato entro la distanza di un bastone dalla palla, si considera che la palla sia stata mossa dal giocatore, per cui egli incorre nella penalità di un colpo. La palla deve essere ripiazzata nella sua posizione originale.

Bola que se mueve al tocar un impedimento suelto
Si al tocar cualquier impedimento suelto dentro de la distancia de un palo desde la bola ésta se mueve, se considera que la bola ha sido movida por el jugador, por lo que éste incurre en un golpe de penalidad. La bola debe ser repuesta en su posición inicial.

Ball bewegt sich bei Berühren eines losen hinderlichen Naturstoffes
Bewegt sich der Ball bei Berühren irgendwelcher loser hinderlicher Naturstoffe, die innerhalb einer Schlägerlänge vom Ball liegen, so gilt der Ball als vom Spieler bewegt, und er zieht sich einen Strafschlag zu. Der Ball muß an die ursprüngliche Stelle zurückgelegt werden.

Nel rough
En el rough
Im Rough

Indicare la linea di gioco
La giocatrice può farsi indicare la linea di gioco dal suo portabastoni o da un'altra persona, ma nessuna persona e nessun oggetto possono restare sulla linea di gioco mentre la giocatrice esegue il colpo, altrimenti incorre nella penalità.

Indicar la línea de juego
La jugadora puede hacerse indicar la línea de juego por su caddie u otra persona, pero al realizar el golpe ni esa persona ni ninguna otra señal puede estar en la línea de juego, ya que si esto ocurre, la jugadora incurre en penalidad.

Bestimmen der Spiellinie
Die Spielerin darf sich von ihrem Caddie oder einer anderen Person die Spiellinie bestimmen lassen, jedoch darf sich bei Durchführung des Schlages weder diese Person noch irgendein Zeichen in der Spiellinie befinden, da sich sonst die Spielerin eine Strafe zuzieht.

Ostruzione sulla linea di gioco
La giocatrice ha un'ostruzione sulla sua linea di gioco, ma non ha diritto ad ovviare all'interferenza senza penalità.

Obstrucción en la línea de juego
La jugadora tiene una obstrucción en la línea de juego, pero no tiene derecho a aliviarse de ella sin penalidad.

Hemmnis in der Spiellinie
In der Spiellinie der Spielerin befindet sich ein Hemmnis. Ohne Strafanrechnung darf die Spielerin keine Erleichterung in Anspruch nehmen.

Nel rough
En el rough
Im Rough

Ostruzione che interferisce con l'area del movimento che si intende effettuare
Il giocatore può droppare la palla senza penalità entro la distanza massima di un bastone dal punto del campo di gioco più vicino a quello in cui la palla può essere giocata ovviando all'interferenza con l'irrigatore, che non sia in un ostacolo, né sul green e non più vicino alla buca. (Vedi a pag. 26-28)

Obstrucción que interfiere con el área del swing
El jugador puede dropar la bola sin penalidad dentro de la distancia máxima de un palo del punto más cercano en el que la bola puede ser jugada evitando el aspersor, que no sea en un obstáculo ni en un green y sin acercarse al agujero. (Ver páginas 26-28)

Hemmnis behindert den Raum des Schwungs
Der Spieler darf den Ball straffrei innerhalb einer Schlägerlänge von dem nächstgelegenen Punkt fallenlassen, von dem aus der Ball ohne Behinderung durch den Rasensprenger gespielt werden könnte, jedoch nicht in einem Hindernis, nicht auf einem Grün und nicht näher zum Loch (Siehe Seiten 26-28).

Palla mossa col piede
Se la palla viene mossa dai giocatore, dal suo partner o dai loro portabastoni, il giocatore incorre nella penalità di un colpo e deve ripiazzare la palla.
Se la palla viene mossa da un avversario o dal suo portabastoni, il giocatore non incorre nella penalità. In Match Play il giocatore incorre nella penalità di un colpo, a meno che la palla venga mossa durante la ricerca. In entrambi i casi la palla deve essere ripiazzata.

Bola movida con el pie
Si la bola de un jugador es movida por él mismo, por su compañero o por sus caddies, incurre en un golpe de penalidad, debiendo reponer la bola.
Si la bola es movida por un jugador competidor o por su caddie, el jugador no incurre en penalidad. En Match Play el jugador incurre en un golpe de penalidad, a no ser que la bola sea movida durante su búsqueda. En ambos casos, la bola debe ser repuesta.

Ball mit dem Fuß bewegt
Das Bewegen des Balles vom Spieler selbst, seinem Spielpartner oder ihren Caddies wird mit einer Strafe belegt und der Ball muß zurückgelegt werden.
Wird der Ball von einem Spielgegner oder dessen Caddies bewegt, so ist dies straflos. Im Lochspiel erhält dieser Spieler einen Strafschlag, es sei denn, der Ball wird bewegt, während nach ihm gesucht wird. In beiden Fällen muß der Ball zurückgelegt werden.

Nel rough
En el rough
Im Rough

Palla che giace sul terreno ammucchiato da un animale scavatore
Il giocatore può alzare e droppare la palla senza penalità entro la distanza massima di un bastone dal punto del campo più vicino a quello in cui la palla può essere giocata, ovviando a questa interferenza, che non sia in un ostacolo, né sul green e non più vicino alla buca. La stessa procedura verrà seguita quando questa situazione interferisce con l'area del movimento che il giocatore intende effettuare o con la posizione dei piedi (stance). (Vedi a pag. 20-24)

Bola que reposa en un desecho de animal de madriguera
El jugador puede levantar y dropar la bola sin penalidad dentro de la distancia máxima de un palo del punto más cercano en el que la bola puede ser jugada, evitando esta situación, que no sea en un obstáculo ni en un green y sin acercarse al agujero. El mismo procedimiento se seguirá cuando esta situación interfiere con el swing del jugador o su colocación (stance). (Ver páginas 20-24)

Ball liegt in der Spur eines höhlengrabenden Tieres
Der Spieler darf den Ball aufnehmen und ihn straflos innerhalb der maximalen Entfernung einer Schlägerlänge von dem nächstgelegenen Punkt fallenlassen, von dem aus der Ball ohne diese Behinderung gespielt werden kann, jedoch nicht in einem Hindernis, nicht auf einem Grün und nicht näher zum Loch. Das gleiche Verfahren wird angewandt, wenn diese Situation den Schwung des Spielers oder seinen Stand beeinträchtigt (Siehe Seiten 20-24).

Nell'ostacolo d'acqua
En los obstáculos de agua
Im Wasserhindernis

6 Nell'ostacolo d'acqua
En los obstáculos de agua
Im Wasserhindernis

Nell'ostacolo d'acqua
En los obstáculos de agua
Im Wasserhindernis

Palla vicino ad una bottiglia
La giocatrice può rimuovere la bottiglia senza penalità. Se nel farlo la palla si muove, la si dovrà ripiazzare nella sua posizione originale.

Bola junto a una botella
La jugadora puede retirar la botella sin penalidad. Si al hacerlo la bola se mueve, ésta debe ser repuesta en su posición inicial.

Ball dicht bei einer Flasche
Die Spielerin darf die Flasche entfernen, ohne sich eine Strafe zuzuziehen. Bewegt sich dabei der Ball, muß er an seine ursprüngliche Stelle zurückgelegt werden.

Palla che giace sopra o contro un ramoscello
Il ramoscello è un impedimento sciolto e non lo si può toccare né spostare; altrimenti la giocatrice incorre nella penalità.

Bola junto o sobre una rama
La rama es un impedimento suelto y no puede ser tocada ni retirada, por lo que si la jugadora lo hace, incurre en penalidad.

Ball dicht bei oder auf einem Zweig
Der Zweig gilt als loser hinderlicher Naturstoff und darf weder berührt noch entfernt werden. Tut die Spielerin dies, erhält sie einen Strafschlag.

Nell'ostacolo d'acqua
En los obstáculos de agua
Im Wasserhindernis

Palla che giace vicino ad una tubazione
Anche se la tubazione interferisce con lo swing della giocatrice, ella non può ovviare all'interferenza senza penalità. Deve giocare la palla come si trova oppure dropparla con la penalità di un colpo fuori dall'ostacolo d'acqua. (Vedi a pag. 96-99)

Bola que reposa junto a una tubería
Aunque la tubería interfiere el swing de la jugadora, ésta no puede aliviarse sin penalidad, debiendo jugar la bola como se encuentra o droparla con un golpe de penalidad fuera del obstáculo de agua. (Ver páginas 96-99)

Ball liegt in der Nähe eines Rohres
Obwohl das Rohr den Schwung der Spielerin beeinträchtigt, darf sie straflos keine Erleichterung in Anspruch nehmen. Sie muß den Ball spielen, wie er liegt oder ihn unter Anrechnung eines Strafschlags außerhalb des Wasserhindernisses fallenlassen (Siehe Seiten 96-99).

Palla infossata
La palla è infossata in un ostacolo d'acqua. Il giocatore dovrà giocare la palla come si trova o dropparla con la penalità di un colpo fuori dall'ostacolo d'acqua. (Vedi a pag. 96-99)

Bola empotrada o clavada
La bola del jugador ha quedado empotrada en el obstáculo de agua, debiendo jugar la bola como se encuentra o droparla con un golpe de penalidad fuera del obstáculo de agua. (Ver páginas 96-99)

Ball eingebettet
Der Ball der Spielerin ist im Wasserhindernis eingebettet; er muß so gespielt werden, wie er liegt, oder unter Anrechnung eines Strafschlags außerhalb des Wasserhindernisses fallengelassen werden (Siehe Seiten 96-99)

Nell'ostacolo d'acqua
En los obstáculos de agua
Im Wasserhindernis

Palla che giace su un ponte
La palla deve essere giocata dove si trova oppure droppata con la penalità di un colpo fuori dall'ostacolo d'acqua. Il bastone della giocatrice può essere appoggiato sul ponte per eseguire il colpo senza incorrere nella penalità. (Vedi a pag. 96-99)

Bola que reposa sobre un puente
La bola debe ser jugada donde se encuentra o ser dropada con un golpe de penalidad fuera del obstáculo de agua. El palo de la jugadora puede apoyarse sobre el puente para ejecutar el golpe sin incurrir en penalidad. (Ver páginas 96-99)

Ball bleibt auf einer Brücke liegen
Der Ball muß von dort gespielt werden, wo er liegengeblieben ist, oder unter Anrechnung eines Strafschlags außerhalb des Wasserhindernisses fallengelassen werden. Der Schläger der Spielerin darf ohne Strafe auf der Brücke aufgesetzt werden, um den Schlag auszuführen (Siehe Seiten 96-99).

Palla coperta di fango
La giocatrice non può alzare la palla per identificarla perchè essa si trova in un ostacolo d'acqua. Se lo fa incorre nella penalità di un colpo e deve ripiazzare la palla nella sua posizione originale.

Bola cubierta de barro
La jugadora no puede levantar la bola para identificarla, por encontrarse ésta en un obstáculo de agua. Si lo hace, incurre en un golpe de penalidad, debiendo reponer la bola en su posición inicial.

Ball mit Schmutz bedeckt
Die Spielerin darf den Ball nicht aufnehmen, um ihn zu identifizieren, da er sich in einem Wasserhindernis befindet. Wenn sie ihn aufnimmt, erhält sie einen Strafschlag und muß ihn an seinen Ursprungsort zurücklegen.

Nell'ostacolo d'acqua
En los obstáculos de agua
Im Wasserhindernis

Palla in un ostacolo d'acqua vicino ad un paletto
Se il paletto è movibile, il giocatore può rimuoverlo senza penalità per eseguire il colpo. Se nel farlo la palla si muove la si dovrà ripiazzare nella sua posizione originale. Se invece il paletto è inamovibile, il giocatore dovrà giocare la palla come si trova o dropparla con la penalità di un colpo. (Vedi a pag. 96-99)

Bola dentro de un obstáculo de agua junto a una estaca
Si la estaca es movible, el jugador puede retirarla sin penalidad para ejecutar el golpe. Si al hacerlo la bola se mueve, ésta debe ser repuesta en su posición inicial. Cuando la estaca está fija al suelo, la bola tiene que ser jugada como se encuentra o dropada con un golpe de penalidad. (Ver páginas 96-99)

Ball im Wasserhindernis dicht bei einem Markierungspfosten
Ist der Pfosten beweglich, kann der Spieler ihn straffrei entfernen, um den Schlag auszuführen. Bewegt sich beim Entfernen der Ball, muß er an seine ursprüngliche Stelle zurückgelegt werden. Wenn der Pfosten im Boden verankert ist, muß der Ball gespielt werden, wie er liegt, oder unter Anrechnung eines Strafschlags fallengelassen werden (Siehe Seiten 96-99).

Palla nascosta tra le foglie
Il giocatore può rimuovere le foglie quanto basta per riuscire a vedere una parte della palla. Se il giocatore leva tutte le foglie non incorre nella penalità, ma dovrà risistemarle sulla palla prima di giocare.

Bola oculta por hojas
El jugador puede retirar las hojas imprescindibles para ver una parte de la bola. Si el jugador quita todas las hojas, no incurre en penalidad, pero debe reponer las hojas sobre la bola.

Ball von Blättern verdeckt
Der Spieler darf die Blätter soweit wie nötig entfernen, um einen Teil des Balles zu sehen. Nimmt der Spieler alle Blätter weg, so ist dies straffrei. Er muß allerdings die Blätter auf den Ball zurücklegen.

Nell'ostacolo d'acqua
En los obstáculos de agua
Im Wasserhindernis

Palla mossa durante la ricerca
Il giocatore cercando la palla coperta da impedimenti sciolti, la sposta col bastone ma non incorre nella penalità, deve però ripiazzarla nella posizione originale.

Bola movida al buscarla
Al tratar de buscar la bola cubierta por impedimentos sueltos, el jugador ha movido ésta con el palo sin que por ello incurra en penalidad, debiendo reponer la bola en su posición inicial.

Ball beim Suchen bewegt
Beim Versuch, den mit losen hinderlichen Naturstoffen bedeckten Ball zu suchen, hat der Spieler ihn mit dem Schläger bewegt, ohne dafür eine Strafe zu erhalten. Er muß den Ball an die ursprüngliche Stelle zurücklegen.

Toccare i rami o l'erba nel fare il movimento all' indietro (Backswing)
La giocatrice nel fare il suo backswing tocca, con il bastone, i rami dell'arbusto senza però incorrere nella penalità, neanche nel caso toccasse l'erba.

Tocar las ramas o la hierba al hacer el swing hacia atrás
El palo de la jugadora toca las ramas del arbusto al hacer el swing hacia atrás, sin que por ello incurra en penalidad. Tampoco incurriría en penalidad si tocara la hierba con el palo al hacer el swing hacia atrás.

Berühren der Zweige oder des Grases beim Aufschwung
Beim Aufschwingen berührt der Schläger der Spielerin die Zweige des Busches, ohne daß sie hierfür eine Strafe erhält. Ebenfalls straffrei ist das Berühren des Grases mit dem Schläger beim Aufschwingen.

Nell'ostacolo d'acqua
En los obstáculos de agua
Im Wasserhindernis

Farsi aiutare da un altro giocatore
Il giocatore nell'eseguire il colpo è aiutato da un altro giocatore per evitare di cadere o di perdere l'equilibrio, quindi incorre nella penalità.

Ayudarse por otro jugador
El jugador está siendo sujetado por otro jugador para evitar caerse o desequilibrarse al dar el golpe, incurriendo por ello en penalidad.

Hilfe von einem anderen Spieler
Der Spieler wird von einem anderen Spieler festgehalten, um einen Sturz oder den Verlust des Gleichgewichts beim Ausführen des Schlages zu vermeiden. Er zieht sich damit eine Strafe zu.

Schiacciare dietro la palla
Il giocatore schiaccia l'erba dietro la palla ed incorre nella penalità.

Pisar detrás de la bola
El jugador está pisando la hierba detrás de la bola, por lo que incurre en penalidad.

Hinter den Ball treten
Der Spieler tritt das Gras hinter dem Ball nieder, wofür er eine Strafe erhält.

Nell'ostacolo d'acqua
En los obstáculos de agua
Im Wasserhindernis

Ponte che ostacola l'area del movimento
La giocatrice deve giocare la palla come si trova o dropparla, con la penalità di un colpo, fuori dall'ostacolo d'acqua.

Puente que dificulta el área del swing
La jugadora debe jugar la bola como se encuentra o droparla con un golpe de penalidad fuera del obstáculo de agua.

Brücke erschwert den Schwung
Die Spielerin muß den Ball so spielen, wie er liegt, oder ihn außerhalb des Wasserhindernisses unter Anrechnung eines Strafschlages fallenlassen.

Appoggiare il bastone sull'ostacolo
La giocatrice preparandosi a giocare appoggia il bastone per terra mentre la palla giace nell'ostacolo, quindi incorre nella penalità.

Apoyar el palo en el obstáculo
Al ir a ejecutar el golpe, la jugadora está apoyando el palo en el suelo cuando su bola se encuentra dentro del obstáculo, por lo que incurre en penalidad.

Aufsetzen des Schlägers im Hindernis
Während sich der Ball in einem Hindernis befindet, setzt die Spielerin bei der Vorbereitung zur Ausübung des Schlages den Schläger auf dem Boden auf, wofür sie sich eine Strafe zuzieht.

Nell'ostacolo d'acqua
En los obstáculos de agua
Im Wasserhindernis

Palla che entra direttamente in un ostacolo d'acqua
Non potendo eseguire il colpo nell'acqua, il giocatore, con la penalità di un colpo, può:
- Droppare una palla il più vicino possibile al punto dal quale ha giocato l'ultimo colpo.
- Droppare una palla dietro l'ostacolo d'acqua, senza alcun limite di distanza, tenendo il punto nel quale la palla ha attraversato il margine dell'ostacolo direttamente fra la buca e il posto nel quale viene droppata la palla.

Bola que entra directamente en un obstáculo de agua
Al no poder ejecutar el golpe dentro del agua, el jugador puede con un golpe de penalidad proceder de la forma siguiente:
- Dropar una bola en el punto más próximo al que realizó el golpe anterior.
- Dropar una bola sin limitación de distancia, detrás del obstáculo de agua, en la línea recta formada por el agujero y el punto por el que la bola cruzó el margen del obstáculo de agua.

Ball fällt direkt in ein Wasserhindernis
Da der Schlag nicht innerhalb des Wasserhindernisses ausgeführt werden kann, verfährt der Spieler unter Anrechnung eines Strafschlags folgendermaßen:
- Ein Ball wird so nahe wie möglich der Stelle fallengelassen, von der aus der vorhergehende Schlag durchgeführt wurde.
- Ein Ball wird in beliebiger Entfernung hinter dem Wasserhindernis fallengelassen, auf der geraden Linie zwischen dem Loch und der Stelle, wo der Ball die Grenze des Wasserhindernisses gekreuzt hat.

Nell'ostacolo d'acqua
En los obstáculos de agua
Im Wasserhindernis

Palla che supera un ostacolo d'acqua e che poi vi cade dentro
Non potendo eseguire il colpo nell'acqua, il giocatore, con la penalità di un colpo, può:
- Droppare una palla il più vicino possibile al punto dal quale ha giocato l'ultimo colpo.
- Droppare una palla dietro l'ostacolo d'acqua, senza alcun limite di distanza, tenendo il punto nel quale la palla ha attraversato per ultimo il margine dell'ostacolo direttamente fra la buca e il posto nel quale viene droppata la palla.

Bola que cruza un obstáculo de agua y entra después en él
Al no poder ejecutar el golpe dentro del agua, el jugador puede con un golpe de penalidad hacer lo siguiente:
- Dropar una bola en el lugar más próximo al que realizó el golpe anterior.
- Dropar una bola detrás del obstáculo de agua, sin limitación de distancia, en la línea recta formada por el agujero y el punto por el que la bola cruzó el margen del obstáculo de agua por última vez.

Ball fliegt über ein Wasserhindernis und fällt danach hinein
Da der Schlag nicht aus dem Wasserhindernis heraus durchgeführt werden kann, darf der Spieler mit einem Strafschlag folgendermaßen vorgehen:
- Ein Ball wird so nahe wie möglich der Stelle fallengelassen, von der aus der vorhergehende Schlag ausgeführt wurde.
- Ein Ball wird in beliebiger Entfernung hinter dem Wasserhindernis fallengelassen, auf der geraden Linie zwischen dem Loch und der Stelle, wo der Ball zuletzt die Grenze des Wasserhindernisses gekreuzt hat.

Nell'ostacolo d'acqua
En los obstáculos de agua
Im Wasserhindernis

Palla che entra direttamente in un ostacolo d'acqua laterale
Se la giocatrice non può o non vuole eseguire il colpo successivo dall'ostacolo, con la penalità di un colpo, può:
- Droppare una palla il più vicino possibile al punto dal quale ha giocato l'ultimo colpo.
- Droppare una palla dietro l'ostacolo d'acqua, senza alcun limite di distanza, tenendo il punto nel quale la palla ha attraversato il margine dell'ostacolo direttamente fra la buca e il posto nel quale viene droppata la palla. (Continua a pag. 99)

Bola que entra directamente en un obstáculo de agua lateral
Si la jugadora no puede o no quiere ejecutar el siguiente golpe desde dentro del obstáculo, puede con un golpe de penalidad proceder de la forma siguiente:
- Dropar una bola en el lugar más próximo al que realizó el golpe anterior.
- Dropar una bola sin limitación de distancia, detrás del obstáculo de agua, en la línea recta formada por el agujero y el punto por el que la bola cruzó el margen del obstáculo de agua. (Continúa en la página 99)

Ball fällt direkt in ein seitliches Wasserhindernis
Wenn die Spielerin den nächsten Schlag nicht von innerhalb des Hindernisses spielen kann oder will, kann sie unter Anrechnung eines Strafschlags folgendermaßen verfahren:
- Einen Ball so nahe wie möglich der Stelle fallenlassen, von wo der vorhergehende Schlag ausgeführt wurde.
- Einen Ball in beliebiger Entfernung hinter dem Wasserhindernis fallenlassen, auf gerader Linie zwischen dem Loch und dem Punkt, wo der ursprüngliche Ball die Grenze des Wasserhindernisses gekreuzt hat (Fortsetzung Seite 99).

Nell'ostacolo d'acqua
En los obstáculos de agua
Im Wasserhindernis

Palla che entra direttamente in un ostacolo d'acqua laterale (Fine)
- Droppare una palla fuori dall'ostacolo d'acqua, entro la distanza di due bastoni dal punto in cui la palla ha attraversato il margine dell'ostacolo d'acqua, ma non più vicino alla buca.
- Droppare una palla fuori dall'ostacolo d'acqua, entro la distanza di due bastoni da un punto del margine opposto dell'ostacolo d'acqua che sia equidistante dalla buca, ma non più vicino ad essa.

Bola que entra directamente en un obstáculo de agua lateral (Final)
- Dropar una bola fuera del obstáculo de agua, dentro de la distancia de dos palos del punto por el que la bola cruzó el margen del obstáculo de agua sin acercarse al agujero.
- Dropar una bola fuera del obstáculo de agua, dentro de la distancia de dos palos, en un punto situado en el margen opuesto del obstáculo de agua y equidistante del agujero, sin acercarse al mismo.

Ball fällt direkt in ein seitliches Wasserhindernis (Ende)
- Einen Ball außerhalb des Wasserhindernisses fallenlassen, innerhalb zweier Schlägerlängen von dem Punkt, wo der Ball die Grenze des Wasserhindernisses gekreuzt hat, jedoch nicht näher zum Loch.
- Einen Ball außerhalb des Wasserhindernisses innerhalb zweier Schlägerlängen an einem Punkt an der gegenüberliegenden Grenze des Wasserhindernisses gleich weit vom Loch entfernt fallenlassen, ohne sich diesem zu nähern.

Nell'ostacolo d'acqua
En los obstáculos de agua
Im Wasserhindernis

Palla giocata da un ostacolo d'acqua che rimane dietro una pietra nell'ostacolo d'acqua
Quando il giocatore gioca la palla dall'ostacolo d'acqua ed essa rimane dietro una pietra in un altro punto dell'ostacolo d'acqua, il giocatore, per il colpo successivo, può:
• Giocare la palla come si trova.
• Droppare la palla, con la penalità di un colpo, il più vicino possibile al punto dal quale ha giocato l'ultimo colpo dall'ostacolo d'acqua. (Continua a pag.101)

Bola jugada en un obstáculo de agua quedando la bola detrás de una piedra en el obstáculo de agua
Cuando el jugador juega su bola dentro del obstáculo de agua, ésta queda detrás de una piedra en otro lugar del obstáculo de agua. Para el siguiente golpe, el jugador puede proceder de la forma siguiente:
• Jugar la bola como se encuentra.
• Dropar con un golpe de penalidad una bola en el punto más próximo al que jugó el último golpe dentro del obstáculo de agua. (Continúa en la página 101)

Ball im Wasserhindernis gespielt, wobei der Ball hinter einem Stein im Wasserhindernis liegenbleibt
Wenn der Spieler seinen Ball innerhalb des Wasserhindernisses spielt und dieser kommt an einer anderen Stelle im Wasserhindernis hinter einem Stein zur Ruhe, kann der Spieler bei seinem nächsten Schlag folgendermaßen verfahren:
• Den Ball spielen, wie er liegt.
• Unter Anrechnung eines Strafschlags einen Ball so nahe wie möglich der Stelle fallenlassen, von wo der letzte Schlag innerhalb des Wasserhindernisses gespielt wurde (Fortsetzung Seite 101).

Nell'ostacolo d'acqua
En los obstáculos de agua
Im Wasserhindernis

Palla giocata da un ostacolo d'acqua che rimane dietro una pietra nell'ostacolo d'acqua (Fine)
- Droppare una palla, con la penalità di un colpo, il più vicino possibile al punto dal quale ha giocato l'ultimo colpo al di fuori dell'ostacolo d'acqua.
- Droppare una palla, con la penalità di un colpo, senza alcun limite di distanza, dietro l'ostacolo d'acqua, tenendo il punto nel quale la palla ha attraversato il margine dell'ostacolo d'acqua direttamente tra la buca e il posto nel quale viene droppata la palla.
- Se l'ostacolo d'acqua è laterale, si può anche procedere come descritto a pag. 98-99.

Bola jugada en un obstáculo de agua quedando la bola detrás de una piedra en el obstáculo de agua (Final)
- Dropar una bola con un golpe de penalidad en el punto más próximo al que jugó el último golpe fuera del obstáculo de agua.
- Dropar una bola con un golpe de penalidad sin limitación de distancia, detrás del obstáculo de agua, en la línea recta formada por el agujero y el punto por el que la bola cruzó el margen del obstáculo de agua.
- Si el obstáculo fuera de agua lateral, se podría también proceder como se recoge en las páginas 98-99.

Ball im Wasserhindernis gespielt, wobei der Ball hinter einem Stein im Wasserhindernis liegenbleibt (Ende)
- Mit einem Strafschlag einen Ball so nahe wie möglich der Stelle fallenlassen, wo der letzte Schlag außerhalb des Wasserhindernisses gespielt wurde.
- Mit einem Strafschlag einen Ball in beliebiger Entfernung hinter dem Wasserhindernis fallenlassen, auf gerader Linie zwischen dem Loch und dem Punkt, wo der Ball die Grenze des Wasserhindernisses gekreuzt hat.
- Ist das Wasserhindernis ein seitliches Wasser, kann auch nach den auf den Seiten 98 - 99 beschriebenen Verfahrensweisen vorgegangen werden.

Nell'ostacolo d'acqua
En los obstáculos de agua
Im Wasserhindernis

Palla giocata da un ostacolo d'acqua, persa o fuori limite
Quando la giocatrice gioca la palla dall'ostacolo d'acqua, questa colpisce il muro di cemento e finisce fuori limite. Per eseguire il colpo successivo la giocatrice può con un colpo di penalità:
- Droppare una palla il più vicino possibile al punto dal quale ha giocato l'ultimo colpo dall'ostacolo d'acqua. (Continua a pag. 103)

Bola jugada en un obstáculo de agua perdiéndose fuera de él o quedando fuera de límites
Cuando la jugadora juega su bola dentro del obstáculo de agua, ésta choca contra el muro de cemento y sale por detrás de la alambrada de fuera de límites. Para el siguiente golpe, la jugadora puede, con un golpe de penalidad, proceder de la forma siguiente:
- Dropar una bola en el punto más próximo al que jugó el último golpe dentro del obstáculo de agua. (Continúa en la página 103)

Ein im Wasserhindernis gespielter Ball geht außerhalb verloren oder ins Aus
Die Spielerin spielt ihren Ball innerhalb des Wasserhindernisses. Der Ball trifft auf eine Zementwand und geht hinter einem Drahtzaun ins Aus. Zur Durchführung des folgenden Schlages muß die Spielerin unter Anrechnung eines Strafschlages folgendermaßen verfahren:
- Einen Ball so nahe wie möglich der Stelle fallenlassen, von wo der letzte Schlag in dem Wasserhindernis gespielt wurde (Fortsetzung Seite 103).

Nell'ostacolo d'acqua
En los obstáculos de agua
Im Wasserhindernis

Palla giocata da un ostacolo d'acqua, persa o fuori limite (Fine)
- Droppare una palla dietro l'ostacolo d'acqua, con un colpo di penalità addizionale, senza alcun limite di distanza, tenendo il punto nel quale la palla ha attraversato per ultimo il margine dell'ostacolo direttamente fra la buca e il posto nel quale viene droppata la palla.
- Droppare una palla, con un colpo di penalità addizionale, il più vicino possibile al punto dal quale ha giocato l'ultimo colpo al di fuori dell'ostacolo d'acqua.
- Se l'ostacolo d'acqua è laterale, si può anche procedere con un colpo di penalità addizionale, come descritto a pag. 98-99.

Bola jugada en un obstáculo de agua perdiéndose fuera de él o quedando fuera de límites (Final)
- Dropar una bola con una penalidad adicional de un golpe sin limitación de distancia detrás del obstáculo de agua, en la línea recta formada por el agujero y el punto por el que la bola cruzó el margen del obstáculo de agua por última vez.
- Dropar una bola con una penalidad adicional de un golpe en el punto más próximo al que jugó el último golpe antes de entrar en el obstáculo de agua.
- Si el obstáculo fuera de agua lateral, se podría también proceder con una penalidad adicional de un golpe, como se recoge en las páginas 98-99.

Ein im Wasserhindernis gespielter Ball geht außerhalb verloren oder ins Aus (Ende)
- Unter Hinzurechnung eines zusätzlichen Strafschlags den Ball in beliebiger Entfernung hinter dem Wasserhindernis fallenlassen, in der geraden Linie zwischen dem Loch und dem Punkt, wo der Ball zuletzt die Grenze des Wasserhindernisses gekreuzt hat.
- Unter Hinzurechnung eines zusätzlichen Strafschlags den Ball so nahe wie möglich der Stelle fallenlassen, von wo der letzte Schlag ausgeführt wurde, bevor er in das Wasserhindernis eintrat.
- Ist das Wasserhindernis ein seitliches Wasser, kann auch nach den auf den Seiten 98 - 99 beschriebenen Verfahrensweisen vorgegangen werden, jedoch unter Hinzurechnung eines zusätzlichen Strafschlags.

7 Nel bunker
En los bunkers
Im Bunker

Nel bunker
En los bunkers
Im Bunker

Palla che giace sopra o contro un ramoscello
Il ramoscello è un impedimento sciolto e non lo si può né toccare né spostare. Dato che il giocatore sta cercando di spostarlo incorre nella penalità.

Bola junto o sobre una rama
La rama es un impedimento suelto y no puede ser tocada ni retirada. Como el jugador está tratando de retirarla, incurre en penalidad.

Ball nahe bei oder auf einem Zweig
Der Zweig ist ein loser hinderlicher Naturstoff und darf weder berührt noch entfernt werden. Versucht der Spieler, ihn zu entfernen, zieht er sich eine Strafe zu.

Palla nascosta tra le foglie
La giocatrice può rimuovere le foglie quanto basta per vedere una parte della palla. Se la giocatrice leva tutte le foglie non incorre nella penalità, ma dovrà risistemare una buona parte delle foglie sulla palla.

Bola oculta por hojas
La jugadora puede retirar las hojas imprescindibles para permitir ver una parte de la bola. Si quita todas las hojas, no incurre en penalidad, pero la jugadora tiene que reponer la mayor parte de las hojas sobre la bola.

Ball von Blättern bedeckt
Die Spielerin darf von den Blättern so viele entfernen, wie notwendig sind, um einen Teil des Balls sehen zu können. Nimmt sie alle Blätter weg, ist dies straffrei; die Spielerin muß allerdings den größten Teil der Blätter auf den Ball zurücklegen.

107

Nel bunker
En los bunkers
Im Bunker

Palla vicino ad una bottiglia
La bottiglia è un'ostruzione movibile e quindi la giocatrice può togliere la bottiglia senza penalità. Se nel farlo la palla si muove la si dovrà ripiazzare nella sua posizione originale.

Bola junto a una botella
La botella es una obstrucción movible, por lo que la jugadora la puede retirar sin penalidad. Si al hacerlo la bola se mueve, ésta debe ser repuesta en su posición inicial.

Ball dicht bei einer Flasche
Die Flasche ist ein bewegliches Hemmnis, weshalb sie von der Spielerin straffrei entfernt werden darf. Wenn sich dabei der Ball bewegt, muß er an seine ursprüngliche Stelle zurückgelegt werden.

Palla appoggiata ad un rastrello
La giocatrice per eseguire il colpo può togliere il rastrello senza incorrere nella penalità. Se nel farlo la palla si muove dovrà ripiazzarla nella sua posizione originale.

Bola apoyada en un rastrillo
La jugadora puede retirar el rastrillo sin penalidad para ejecutar el golpe. Si al hacerlo la bola se mueve, ésta debe ser repuesta en su posición inicial.

Ball rollt gegen eine Harke
Die Spielerin darf die Harke straffrei entfernen, um den Schlag auszuführen. Bewegt sie dabei den Ball, muß dieser an seine vorherige Position zurückgelegt werden.

Nel bunker
En los bunkers
Im Bunker

Palla vicino ad una pietra
La giocatrice non può rimuovere la pietra che si trova vicino alla palla, a meno che non sia consentito dalle Regole Locali.

Bola junto a una piedra
La jugadora no puede retirar la piedra que está junto a la bola a no ser que lo permitan las reglas locales.

Ball nahe bei einem Stein
Die Spielerin darf den Stein, der sich dicht bei dem Ball befindet, nicht wegnehmen, es sei denn, die lokalen Regeln erlauben dies.

Palla nell'impronta di un piede
La palla deve essere giocata come si trova oppure dichiarata ingiocabile.(Vedi a pag.14-16)

Bola en la huella de una pisada
La bola tiene que ser jugada como se encuentra o ser declarada injugable. (Ver páginas 14-16)

Ball liegt in der Vertiefung eines Fußabdrucks
Der Ball muß gespielt werden, wie er liegt, oder für unspielbar erklärt werden(Siehe Seiten 14-16)

Nel bunker
En los bunkers
Im Bunker

Due palle che giacciono vicine
Quando due palle si trovano in tale situazione, si alza la palla più vicina alla buca, marcandola preventivamente, e la si ripiazza dopo aver eseguito il colpo con l'altra palla. Se nell'eseguire il colpo il punto dove giaceva la palla viene modificato, la posizione originaria sarà ricreata e la palla verrà piazzata in tale posizione. Una palla così alzata non può essere pulita.

Dos bolas juntas o próximas entre sí
Cuando dos bolas se encuentran en esta situación, se levantará la más adelantada marcándola previamente y reponiéndola una vez efectuado el golpe con la otra bola. Si con el golpe se altera el lugar en el que reposaba la bola no jugada, éste deberá ser reconstruido lo más cerca y similarmente posible y la bola se colocará en ese lugar. Al levantar así la bola, ésta no puede ser limpiada.

Zwei Bälle liegen dicht beieinander
Befinden sich zwei Bälle in dieser Situation, wird der dem Loch am nächsten liegende zuerst markiert und dann aufgenommen und, nachdem der andere Ball geschlagen wurde, wieder zurückgelegt. Wird durch den Schlag die Stelle, an welcher der nicht gespielte Ball lag, verändert, so wird diese so nah und so ähnlich wie möglich wieder hergerichtet und der Ball dort hingelegt. Wird der Ball auf diese Weise aufgenommen, darf er nicht gereinigt werden.

Palla in una pozzanghera
La giocatrice può alzare la palla e dropparla, senza penalità, nel bunker nel punto più vicino a quello in cui la palla potrebbe essere giocata evitando la pozzanghera, ma non più vicino alla buca. La palla può anche essere droppata fuori dal bunker con un colpo di penalità.

Bola en un charco de agua
La jugadora puede levantar y dropar la bola sin penalidad dentro del bunker, en el punto más cercano en el que la bola podría ser jugada evitando el charco, sin acercarse al agujero. La bola puede también ser dropada fuera del bunker con un golpe de penalidad.

Ball in einer Wasserpfütze
Die Spielerin darf den Ball aufnehmen und straffrei innerhalb des Bunkers fallenlassen, und zwar an dem nächstgelegenen Punkt, an dem der Ball ohne Behinderung durch die Pfütze gespielt werden kann, jedoch nicht näher zum Loch. Der Ball kann auch außerhalb des Bunkers fallengelassen werden, jedoch unter Hinzurechnung eines Strafschlags.

Nel bunker
En los bunkers
Im Bunker

Palla completamente infossata nella sabbia
La palla della giocatrice è interamente coperta dalla sabbia. Ella può rimuovere la sabbia necessaria a vedere una minima parte della palla.

Bola enterrada en la arena
La bola de la jugadora se encuentra totalmente enterrada en la arena. Esta puede retirar la cantidad imprescindiblemente necesaria para que una pequeña parte de la bola sea visible.

Ball im Sand vergraben
Der Ball der Spielerin ist völlig im Sand vergraben. Sie darf so viel Sand wegnehmen, wie notwendig ist, um einen kleinen Teil des Balles sehen zu können.

Palla infossata
La palla rimasta infossata nella sabbia del bunker deve essere giocata come si trova o deve essere dichiarata ingiocabile. (Vedi a pag. 14-17)

Bola empotrada o clavada
La bola ha quedado empotrada en la arena del bunker, debiendo ser jugada como se encuentra o ser declarada injugable. (Ver páginas 14-17)

Ball in seinem eigenen Einschlagloch eingebettet
Der Ball ist im Sand in seinem eigenen Einschlagloch eingebettet. Er muß entweder gespielt werden, wie er liegt, oder für unspielbar erklärt werden (Siehe Seiten 14-17).

Nel bunker
En los bunkers
Im Bunker

Palla persa in un bunker pieno d'acqua
La palla é persa nell'acqua del bunker. L'opzione più conveniente per il giocatore è quella di droppare la palla, con la penalità di un colpo, fuori dal bunker, tenendo il punto nel quale la palla ha attraversato per ultimo il margine del bunker direttamente fra la buca e il posto nel quale viene droppata la palla.

Bola en un bunker totalmente lleno de agua
La bola ha desaparecido en el agua del bunker, por lo que la opción más razonable del jugador es la de dropar la bola con un golpe de penalidad fuera del bunker, en la línea recta formada por el agujero y el punto por el que la bola cruzó el margen del bunker por última vez.

Ball liegt in einem mit Wasser gefüllten Bunker
Der Ball ist im Wasser eines Bunkers verschwunden; es ist die vernünftigste Entscheidung des Spielers, den Ball unter Anrechnung eines Strafschlags außerhalb des Bunkers fallenzulassen, in der geraden Linie zwischen dem Loch und der Stelle, an der der Ball die Grenze des Bunkers zuletzt gekreuzt hat.

Palla in un'isola del bunker
La giocatrice per eseguire il colpo, può appoggiare il bastone sull'erba senza incorrere nella penalità, dato che questa non fa parte del bunker.

Bola en una isla del bunker
La jugadora puede apoyar el palo sin penalidad sobre el césped de la isla para ejecutar el golpe, ya que ésta no forma parte del bunker.

Ball auf einer Insel im Bunker
Die Spielerin darf den Schläger straffrei auf dem Gras der Insel aufsetzen, um den Schlag auszuführen, denn die Insel ist nicht Teil des Bunkers.

Nel bunker
En los bunkers
Im Bunker

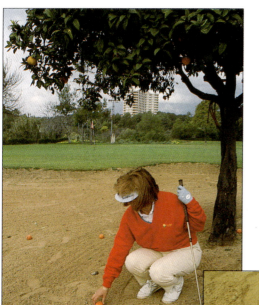

Palla accanto ad un'arancia
La giocatrice non può né toccare né togliere l'arancia, altrimenti incorre nella penalità.

Bola junto a una naranja
La jugadora no puede tocar ni retirar la naranja, ya que si lo hace incurre en penalidad.

Ball liegt dicht bei einer Orange
Die Spielerin darf die Orange weder bewegen noch wegnehmen. Tut sie dies, erhält sie eine Strafe.

Schiacciare la sabbia dietro la palla
La giocatrice sta schiacciando col piede la sabbia dietro la palla e quindi incorre nella penalità.

Pisar la arena detrás de la bola
La jugadora está alisando con el pie la arena de detrás de su bola, incurriendo por ello en penalidad.

Den Sand hinter dem Ball festtreten
Die Spielerin tritt den Sand hinter dem Ball fest, wofür sie eine Strafe angerechnet bekommt.

Nel bunker
En los bunkers
Im Bunker

Palla infossata in una scarpata erbosa
La scarpata del bunker è ricoperta d'erba non accuratamente rasata e quindi la palla deve essere giocata come si trova o dichiarata ingiocabile. (Vedi a pag. 14-17)

Bola empotrada en el talud de hierba
El talud del bunker está cubierto de hierba no segada a ras, por lo que la bola tiene que ser jugada como se encuentra o ser declarada injugable. (Ver páginas 14-17)

Ball steckt in der grasbewachsenen Bunkerböschung fest
Die Bunkerböschung ist mit Gras bewachsen, das nicht kurzgeschnitten ist. Der Ball muß deshalb gespielt werden, wie er liegt, oder für unspielbar erklärt werden (Siehe Seiten 14-17).

Appoggiare la sacca o i bastoni nel bunker
Sebbene lasciare la sacca all'interno di un bunker non comporta penalità, la giocatrice non dovrebbe farlo per evitare di danneggiarne la superficie. Non c'è penalità neanche nel caso che la giocatrice avesse appoggiato uno o più bastoni nel bunker.

Apoyar la bolsa o los palos en el bunker
Aunque dejar la bolsa de palos en el interior del bunker no da lugar a penalidad, la jugadora debería evitar hacerlo, a fin de no estropear la superficie del mismo. Tampoco existiría penalidad si la jugadora hubiera dejado uno o varios palos en el bunker.

Ablegen von Golftasche oder -schlägern im Bunker
Obwohl das Ablegen der Golftasche innerhalb des Bunkers nicht mit einer Strafe geahndet wird, sollte die Spielerin dies vermeiden, um nicht die Oberfläche des Bunkers zu zerstören. Es wäre auch nicht strafbar, wenn die Spielerin einen oder mehrere Schläger in den Bunker gelegt hätte.

Nel bunker
En los bunkers
Im Bunker

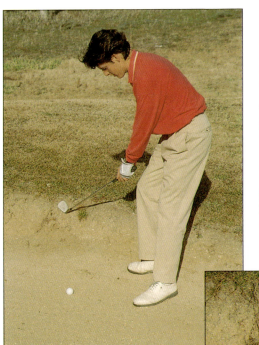

Toccare la scarpata di sabbia nel fare il movimento all'indietro (Backswing)
Nel fare il backswing, il giocatore ha toccato col bastone la scarpata di sabbia del bunker, quindi incorre nella penalità.

Tocar el talud de arena al hacer el swing hacia atrás
El jugador ha tocado con el palo el talud de arena del bunker al hacer el swing hacia atrás, incurriendo por ello en penalidad.

Berühren der Bunkerböschung bei Durchführung des Rückschwungs
Der Spieler hat beim Rückschwung mit dem Schläger die Bunkerböschung berührt, wofür er eine Strafe erhält.

Toccare la sabbia nel fare il movimento all'indietro (Backswing)
Nel fare il backswing la giocatrice ha toccato col bastone la sabbia quindi incorre nella penalità.

Tocar la arena al hacer el swing hacia atrás
Al hacer el swing hacia atrás, el palo de la jugadora ha tocado la arena del bunker, incurriendo por ello en penalidad.

Berühren des Sandes bei der Durchführung des Rückschwungs
Beim Rückschwung hat die Spielerin mit dem Schläger den Bunkersand berührt, wofür sie eine Strafe erhält.

Nel bunker
En los bunkers
Im Bunker

Toccare delle foglie o dei ramoscelli nel fare il movimento all'indietro (Backswing)
Nel fare il backswing il giocatore ha toccato con il bastone delle foglie sciolte che si trovavano dietro alla sua palla, quindi incorre nella penalità. Se, anziché foglie, fossero stati ramoscelli, pigne o qualunque altro impedimento sciolto, il giocatore sarebbe ugualmente incorso nella penalità.

Tocar hojas o ramas sueltas al hacer el swing hacia atrás
Al hacer el swing hacia atrás, el palo del jugador toca las hojas sueltas que están detrás de su bola, por lo que incurre en penalidad. Si en lugar de hojas hubiera ramas sueltas, piñas o cualquier otro impedimento suelto, el jugador incurriría también en penalidad.

Berühren von Blättern oder Zweigen bei der Durchführung des Rückschwungs
Bei der Durchführung des Rückschwungs hat der Spieler mit seinem Schläger lose Blätter berührt, die hinter dem Ball liegen, wofür er eine Strafe erhält. Wenn anstelle der Blätter lose Zweige, Tannenzapfen oder irgendein anderer loser Naturstoff dort liegen würde, hätte der Spieler ebenfalls eine Strafe bekommen.

Sistemare la superficie del bunker prima di eseguire il colpo
La giocatrice sta livellando la superficie del bunker prima di eseguire il colpo, quindi incorre nella penalità.

Arreglar la superficie del bunker antes de ejecutar el golpe
La jugadora está alisando la superficie del bunker antes de ejecutar su golpe, por lo que incurre en penalidad.

Glätten der Bunkeroberfläche vor Ausübung des Schlages
Die Spielerin glättet vor Ausübung ihres Schlages die Oberfläche des Bunkers, was mit einer Strafe geahndet wird.

Nel bunker
En los bunkers
Im Bunker

Toccare la vegetazione che cresce nel bunker nel fare il movimento all'indietro (Backswing)
Non c'è penalità per il giocatore che, nel backswing, tocca con il bastone il cespuglio.

Tocar la vegetación que crece en el bunker al hacer el swing hacia atrás
El jugador no incurre en penalidad cuando su palo toca el arbusto al hacer el swing hacia atrás.

Berühren der Pflanzen, die im Bunker wachsen, bei Durchführung des Rückschwungs
Der Spieler erhält keine Strafe, wenn er beim Rückschwung mit seinem Schläger den Busch berührt.

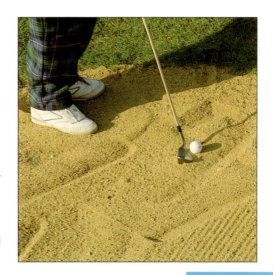

Appoggiare il bastone nel bunker
La giocatrice sta appoggiando il bastone nel bunker, quindi incorre nella penalità.

Apoyar el palo en el bunker
La jugadora tiene apoyado el palo en la arena del bunker, incurriendo por ello en penalidad.

Aufsetzen des Schlägers im Bunker
Die Spielerin hat ihren Schläger im Bunkersand aufgesetzt, wofür sie eine Strafe erhält.

Nel bunker
En los bunkers
Im Bunker

Palla appoggiata ad un rastrello che rotola in un bunker
Se nel togliere il rastrello la palla rotola in bunker, il giocatore non incorre nella penalità, e la palla deve essere ripiazzata nella sua posizione originale.

Bola apoyada en un rastrillo que rueda a un bunker
Al levantar el rastrillo la bola ha rodado dentro del bunker, sin que por ello el jugador incurra en penalidad. La bola debe ser repuesta en su posición inicial.

Ball bleibt an einer Harke liegen und rollt in den Bunker
Wenn beim Hochheben der Harke der Ball in den Bunker rollt, bleibt der Spieler straffrei. Der Ball darf an seine ursprüngliche Position zurückgelegt werden.

Livellare la sabbia del bunker dopo aver mancato il colpo
La giocatrice che ha mancato il suo colpo nel bunker può rastrellare le sue impronte prima di eseguire un altro colpo dal bunker. Se la giocatrice manca anche il colpo successivo e la palla va a fermarsi nell'area da lei risistemata col rastrello, incorre nella penalità, altrimenti no.

Alisar la arena del bunker después de fallar el golpe
La jugadora ha fallado su golpe en el bunker, pudiendo rastrillar sus pisadas antes de jugar otro golpe en el mismo. Si la jugadora falla otra vez y la bola cae sobre el lugar rastrillado por ella, incurre en penaldiad.

Glätten des Bunkersandes nach einem Fehlschlag
Die Spielerin hat im Bunker einen Fehlschlag gehabt. Sie darf vor Durchführung eines anderen Schlages aus dem Bunker straffrei ihre Fußspuren glätten. Hat die Spielerin beim nächsten Versuch wieder einen Fehlschlag und fällt der Ball in den geglätteten Bereich, erhält die Spielerin eine Strafe.

Nel bunker
En los bunkers
Im Bunker

Giocare una palla sbagliata
La giocatrice sta per giocare una palla sbagliata. Se lo fa, non incorre in alcuna penalità perchè la palla è in bunker, dove non può essere alzata per l'identificazione. La giocatrice deve però poi giocare la palla giusta. Se la palla sbagliata appartiene ad un altro giocatore, egli piazzerà una palla nel punto dal quale la palla sbagliata fu giocata la prima volta.

Jugar una bola equivocada
La jugadora se dispone a jugar una bola equivocada. Si lo hace, no incurre en penalidad, por encontrarse ésta en bunker, ya que aquí la bola no puede ser levantanda para su identificación. La jugadora debe jugar su bola correcta. Si la bola equivocada pertenece a otro jugador, éste debe colocar una bola en el punto en el que fue jugada inicialmente la bola equivocada.

Spielen eines falschen Balls
Die Spielerin spielt aus Versehen einen falschen Ball. Sie erhält hierfür keine Strafe, da sich der Ball im Bunker befunden hatte, wo er zu seiner Identifizierung nicht aufgenommen werden darf. Die Spielerin muß den richtigen Ball spielen. Gehört der falsch gespielte Ball einem anderen Spieler, muß dieser an der Stelle, wo der falsch gespielte Ball ursprünglich gelegen hatte, einen Ball hinlegen.

8 Nell'avant-green
En el antegreen
Auf dem Vorgrün

Nell'avant-green
En el antegreen
Auf dem Vorgrün

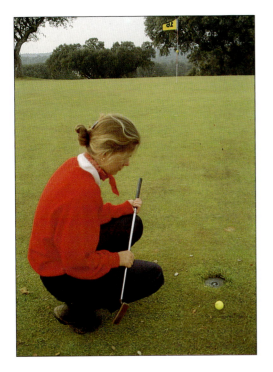

Irrigatore sulla linea di gioco
La giocatrice non può ovviare all'interferenza con l'irrigatore senza incorrere nella penalità, la palla deve essere giocata come si trova, a meno che ciò sia permesso da una regola locale.

Aspersor en la línea de juego
La jugadora no puede aliviarse sin penalidad, debiendo jugar la bola como se encuentra, salvo que lo permita una regla local.

Sprengwasserauslaß in der Spiellinie
Die Spielerin darf keine Erleichterung in Anspruch nehmen, sondern sie muß den Ball spielen, wie er liegt, es sei denn, die Platzregeln erlauben dies.

Palla accanto ad un irrigatore
Nel giocare la palla i piedi del giocatore calpestano l'irrigatore, di conseguenza, egli può alzare e droppare la palla, senza penalità, entro la distanza massima di un bastone nel punto più vicino a quello in cui la palla può essere giocata ovviando all'interferenza con l'irrigatore, che non sia in un ostacolo, né sul green e non più vicino alla buca. (Vedi a pag. 26-28)

Bola junto a un aspersor
Al tratar de jugar la bola, los pies del jugador pisan el aspersor, por lo que éste puede levantar y dropar la bola sin penalidad dentro de la distancia máxima de un palo del punto más cercano en el que la bola puede ser jugada evitando el aspersor, que no sea en un obstáculo ni en un green y sin acercarse al agujero. (Ver páginas 26-28)

Ball dicht bei einem Sprengwasserauslaß
Bei dem Versuch, den Ball zu spielen, stehen die Füße des Spielers auf dem Sprengwasserauslaß; der Ball darf aufgenommen und straflos innerhalb einer Schlägerlänge von dem Punkt fallengelassen werden, von wo er ohne Behinderung durch den Sprengwasserauslaß gespielt werden kann, jedoch nicht in einem Hindernis, nicht auf einem Grün und nicht näher zum Loch (Siehe Seiten 26-28).

Nell'avant-green
En el antegreen
Auf dem Vorgrün

Palla su un irrigatore
Il giocatore può alzare e droppare la palla, senza penalità, entro la distanza massima di un bastone dal punto più vicino a quello dove la palla potrebbe essere giocata ovviando all'interferenza con l'irrigatore, che non si trovi in un ostacolo, né sul green e non più vicino alla buca. (Vedi a pag. 26-28)

Bola sobre un aspersor
El jugador puede levantar la bola y droparla sin penalidad dentro de la distancia máxima de un palo del punto más cercano en el que la bola puede ser jugada evitando la interferencia del aspersor, que no sea en un obstáculo ni en un green y sin acercarse al agujero. (Ver páginas 26-28)

Ball in einem Sprengwasserauslaß
Der Spieler darf den Ball aufnehmen und ihn straffrei innerhalb einer Schlägerlänge von dem Punkt fallenlassen, von dem aus er ohne Behinderung durch den Sprengwasserauslaß gespielt werden kann, jedoch nicht in einem Hindernis, nicht auf einem Grün und nicht näher zum Loch (Siehe Seiten 26-28)

Riparare il segno dell'impatto di una palla sulla linea di gioco
La giocatrice sta riparando il segno dell'impatto della sua palla sull'avant-green che si trova sulla sua linea di gioco, quindi incorre nella penalità.

Arreglar el pique en la línea de juego
La jugadora está arreglando el pique que su bola ha hecho en el collar del green, estando el mismo en su línea de juego, incurriendo por ello en penalidad.

Reparieren eines Einschlaglochs in der Spiellinie
Die Spielerin repariert das Einschlagloch, das ihr Ball auf dem Vorgrün hinterlassen hat, und erhält dafür eine Strafe, da sich das Einschlagloch in ihrer Spiellinie befindet.

Nell'avant-green
En el antegreen
Auf dem Vorgrün

Palla che colpisce l'asta della bandiera
La palla giocata dall'avantgreen ha colpito l'asta della bandiera. La palla deve essere giocata dove si trova senza penalità.

Bola que golpea la bandera
La bola jugada desde el antegreen ha golpeado la bandera. La bola debe ser jugada en el lugar que se encuentra y no se incurre en penalidad.

Ball schlägt gegen die Fahne
Der vom Vorgrün gespielte Ball schlägt gegen die Fahne. Es wird hierfür keine Strafe angerechnet und der Ball muß von der Stelle gespielt werden, an der er liegt.

Rimuovere la sabbia dall'avant-green
Il giocatore sta rimuovendo la sabbia dall'avant-green, davanti alla sua palla, quindi incorre nella penalità.

Quitar la arena en el collar del green
El jugador está quitando la arena que hay delante de su bola situada en el anillo del green, incurriendo por ello en penalidad.

Entfernen des Sandes auf dem Vorgrün
Der Spieler entfernt den Sand vor seinem Ball, der sich auf dem Vorgrün befindet, und erhält hierfür eine Strafe angerechnet.

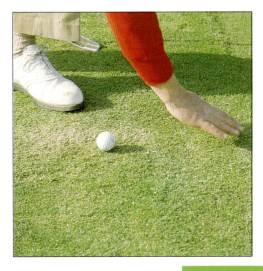

Nell'avant-green
En el antegreen
Auf dem Vorgrün

Palla appoggiata contro l'asta della bandiera
Se nel rimuovere l'asta della bandiera la palla entra in buca, la si considera imbucata. Se invece la palla non cade in buca ma viene mossa, la palla dovrà essere piazzata sull'orlo della buca senza penalità.

Bola apoyada contra la bandera
Si al retirar la bandera la bola entra en el agujero, se considera que la bola entró en el golpe dado por el jugador. Si, por el contrario, la bola no entra al sacar la bandera y ésta se mueve, la bola se colocará al borde del agujero sin penalidad.

Ball von der Fahne gehalten
Wenn beim Herausnehmen der Fahne der Ball in das Loch fällt, wird dies gewertet, als ob der Spieler mit seinem Schlag den Ball eingelocht hätte. Fällt andererseits der Ball beim Herausnehmen der Fahne nicht ins Loch, sondern bewegt sich nur, muß er straffrei am Lochrand hingelegt werden.

Palla in bilico sull'orlo della buca
Se la palla cade in buca entro dieci secondi dal momento in cui il giocatore si è avvicinato alla buca, è considerata imbucata con il colpo precedente. Se invece la palla entra in buca dopo i dieci secondi, il giocatore incorre nella penalità di un colpo ed ha completato la buca.

Bola colgando sobre el borde del agujero
Si la bola cae en el agujero antes de diez segundos desde que el jugador se haya acercado al mismo, se considera que la bola ha entrado con el golpe realizado. Si la bola entra después de este tiempo, el jugador incurre en un golpe de penalidad y ha terminado el hoyo.

Ball bleibt am Lochrand hängen
Wenn der Ball innerhalb von zehn Sekunden ins Loch fällt, nachdem sich der Spieler dem Loch genähert hat, ist davon auszugehen, daß der Spieler den Ball mit seinem Schlag eingelocht hat. Fällt der Ball nach dieser Zeit ins Loch, bekommt der Spieler einen Strafschlag und hat das Loch beendet.

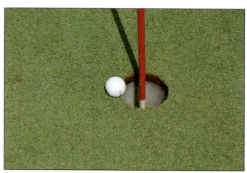

Nell'avant-green
En el antegreen
Auf dem Vorgrün

Palla che ne colpisce un'altra sul green
La palla giocata da fuori green ha colpito la palla gialla ed è entrata in buca, il giocatore ha quindi così completato la buca. La palla colpita deve essere ripiazzata nella sua posizione iniziale.

Bola que golpea a otra sobre el green
La bola jugada desde fuera del green ha golpeado a la bola amarilla y ha entrado en el agujero, por lo que el jugador ha terminado el hoyo. La bola golpeada debe ser repuesta en su posición inicial.

Ball berührt einen anderen Ball auf dem Grün
Der von außerhalb des Grüns gespielte Ball hat den gelben Ball berührt und ist ins Loch gefallen, womit der Spieler das Loch beendet hat. Der berührte Ball muß auf seinen ursprünglichen Platz zurückgelegt werden.

Inclinare l'asta della bandiera nella buca
Il giocatore sta inclinando l'asta della bandiera per facilitare alla sua palla, giocata da fuori green, di entrare in buca quindi incorre nella penalità.

Inclinar la bandera en el agujero
El jugador está colocando la bandera inclinada para favorecer la entrada de su bola desde fuera del green, incurriendo por ello en penalidad.

Die Fahne schief ins Loch stellen
Der Spieler stellt die Fahne schief ins Loch, um den Eintritt des Balls von außerhalb des Grüns zu begünstigen. Er erhält hierfür eine Strafe.

Sul green
En el green
Auf dem Grün

9

Sul green
En el green
Auf dem Grün

Sul green
En el green
Auf dem Grün

Riparare i danni provocati dall'impatto di una palla (Pitch-mark)
La giocatrice sta riparando il danno prodotto dall'impatto della sua palla. Può riparare anche altri pitch-mark esistenti sulla sua linea del putt e livellarli col putter.

Arreglar piques de la bola
La jugadora está arreglando el pique producido por su bola, pudiendo también arreglar otros piques existentes en su línea de putt, así como alisarlos con el putter.

Ausbessern von Balleinschlaglöchern
Die Spielerin bessert das durch ihren Ball verursachte Einschlagloch aus. Sie darf auch andere Einschlaglöcher in ihrer Puttlinie reparieren und sie mit dem Putter ebnen.

Riparare le impronte lasciate dai chiodi delle scarpe
Prima di eseguire il suo colpo il giocatore non può riparare le impronte dei chiodi delle scarpe, altrimenti, incorre nella penalità.

Arreglar huellas de los clavos de zapatos
El jugador no puede arreglar ningún orificio producido por los clavos de zapatos antes de ejecutar su golpe, ya que si lo hace incurre en penalidad.

Ausbessern von Spuren der Nagelschuhe
Vor Ausübung seines Schlages darf der Spieler keine von Spikes produzierte Löcher ausbessern, da er sonst eine Strafe erhält.

Sul green
En el green
Auf dem Grün

Rimuovere la sabbia esistente sulla linea del putt
Il giocatore può togliere la sabbia presente sulla sua linea del putt, spazzandola via lateralmente con la mano o con un bastone, ma non adoperando un berretto, un asciugamani o qualunque altro oggetto, altrimenti incorre nella penalità.

Quitar la arena de la línea de putt
El jugador puede quitar la arena existente en su línea de putt, debiendo hacerlo lateralmente con la mano o un palo. Si quita la arena con el gorro, con una toalla o con cualquier otro objeto, el jugador incurre en penalidad.

Entfernen von Sand aus der Puttlinie
Der Spieler darf den Sand in seiner Puttlinie entfernen. Dies sollte mit der Hand oder einem Schläger seitwärts erfolgen. Nimmt er zur Beseitigung des Sandes die Mütze, ein Handtuch oder irgendeinen anderen Gegenstand zu Hilfe, wird sein Verhalten bestraft.

Provare la superficie del green
Il giocatore sta provando la superficie del green facendovi rotolare la palla, quindi incorre nella penalità.

Probar la superficie del green
El jugador está probando la superficie del green haciendo rodar la bola sobre el mismo, por lo que incurre en penalidad.

Testen der Grün-Oberfläche
Der Spieler testet die Oberfläche des Grüns, indem er den Ball darauf hin-und herrollt. Er zieht sich hierfür eine Strafe zu.

Sul green
En el green
Auf dem Grün

Giocare una palla diversa
La giocatrice ha marcato la posizione di una palla bianca sul green e poi, nel colpo successivo, gioca una palla gialla, quindi incorre nella penalità, ma la nuova palla è in gioco.

Jugar una bola distinta
La jugadora ha marcado una bola blanca en el green y después está jugando una bola amarilla en el siguiente golpe, incurriendo por ello en penalidad y la nueva bola está en juego.

Spielen eines anderen Balls
Die Spielerin hat auf dem Grün einen weißen Ball markiert und spielt danach den nächsten Schlag mit einen gelben Ball, wofür sie eine Strafe erhält. Der neue Ball befindet sich im Spiel.

Appoggiare il putt davanti alla palla
Il giocatore può, mentre prende posizione sulla palla, appoggiare il putt davanti ad essa.

Colocar el putt delante de la bola
Al preparar el golpe, el jugador puede colocar el palo delante de la bola.

Aufsetzen des Putters vor den Ball
Zur Vorbereitung des Schlages darf der Schläger vor den Ball aufgesetzt werden.

Sul green
En el green
Auf dem Grün

Giocare un colpo con l'asta della bandiera in mano
Il giocatore può giocare il suo colpo tenendo l'asta della bandiera con una mano, senza però toccare la superficie del green. Se la palla colpisce l'asta della bandiera, il giocatore incorre nella penalità.

Jugar un golpe con la bandera en la mano
El jugador puede jugar su golpe sujetando la bandera con la otra mano sin tocar la superficie del green. No obstante, si la bola golpea la bandera, el jugador incurre en penalidad.

Ausführen eines Schlages mit der Fahne in der Hand
Der Spieler darf seinen Schlag ausüben und dabei die Fahne in der anderen Hand halten, ohne dabei die Grün-Oberfläche zu berühren. Trifft der Ball allerdings die Fahne, erhält der Spieler eine Strafe.

Palla o marca-palla che interferisce con il gioco di un altro giocatore
Il giocatore ha diritto di chiedere che venga alzata qualunque altra palla. Se un marca-palla interferisce con la sua linea del putt, il giocatore può chiedere che il marca-palla venga spostato di una o più teste di putt.

Bola o marca que interfiere en el juego de otro jugador
El jugador puede exigir que cualquier otra bola sea levantada. Si la marca de una bola interfiere en la línea de putt, el jugador puede pedir que esta marca sea desplazada una o varias cabezas de putt.

Behinderung des Spiels eines anderen Spielers durch den Ball oder den Ball-Marker
Der Spieler darf verlangen, daß jedweder andere Ball aufgenommen wird. Beeinträchtigt der Ball-Marker die Puttlinie, kann der Spieler darum bitten, daß dieser Marker um eine oder mehrere Putterkopflängen weggelegt wird.

Sul green
En el green
Auf dem Grün

Indicare la linea del putt
La linea del putt può essere indicata con l'asta della bandiera dal portabastoni del giocatore o dal suo partner, senza però toccare la superficie del green, altrimenti, il giocatore incorre nella penalità.

Indicar la línea de putt
La línea de putt puede ser señalada con la bandera por el caddie del jugador o por su compañero, sin tocar la superficie del green. Si ésta se toca, el jugador será penalizado.

Anzeigen der Puttlinie
Die Puttlinie darf vom Caddie oder dem Partner des Spielers mit der Fahne angezeigt werden, ohne dabei die Grün-Oberfläche zu berühren. Wird sie berührt, erhält der Spieler eine Strafe.

Restare sulla linea del putt
Né il portabastoni del giocatore, né il suo partner né il portabastoni del partner possono restare sulla linea del putt o vicino alla sua estensione dietro la palla mentre egli esegue il colpo. Altrimenti il giocatore incorre nella penalità.

Colocarse en la línea de putt
Ni el caddie del jugador, ni su compañero ni el caddie de éste, pueden colocarse en la línea o en las proximidades de la prolongación de la línea de putt durante la ejecución de un golpe. Si esto ocurre, el jugador será penalizado.

In die Puttlinie stellen
Weder der Caddie des Spielers, noch sein Spielpartner oder dessen Caddie, dürfen sich in die Verlängerung der Puttlinie oder in ihre Nähe stellen, während der Schlag ausgeführt wird. Passiert dies, zieht sich der Spieler eine Strafe zu.

Sul green
En el green
Auf dem Grün

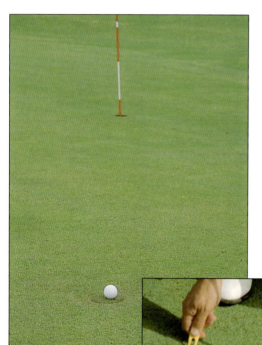

Palla che giace vicino o sopra una vecchia buca
Quando la palla si trova in tali situazioni, il giocatore può riparare l'impronta della vecchia buca.

Bola que reposa junto o sobre una tapa de un hoyo antiguo
Cuando la bola se encuentra en estas situaciones, el jugador puede arreglar la superficie de esa tapa.

Ball bleibt auf oder nahe bei der Abdeckung eines alten Lochs liegen
Befindet sich der Ball in dieser Lage, darf der Spieler die Oberfläche an dieser Stelle ausbessern.

Toccare la linea del putt
Il giocatore normalmente non può toccare la linea del putt né col piede né con la mano, altrimenti incorre nella penalità.

Tocar la línea de putt
El jugador no puede tocar normalmente la línea de putt ni con el pie ni con la mano, ya que si lo hace incurre en penalidad.

Berühren der Puttlinie
Der Spieler darf normalerweise die Puttlinie nicht berühren, weder mit dem Fuß, noch mit der Hand, da er sonst eine Strafe erhält.

Sul green
En el green
Auf dem Grün

Rimuovere foglie dal green
Il giocatore può rimuovere foglie, rami, sabbia o qualunque altro impedimento sciolto che si trovi sul green. Se nel farlo la palla si muove la si dovrà ripiazzare nella sua posizione originale, senza incorrere in alcuna penalità.

Quitar hojas del green
El jugador puede quitar hojas, ramas, arena o cualquier otro impedimento suelto que se encuentre en el green. Si al hacerlo la bola se mueve, ésta debe ser repuesta en su posición inicial sin incurrir en penalidad.

Blätter vom Grün entfernen
Der Spieler darf Blätter, Zweige, Sand oder irgendeinen anderen losen Naturstoff, der sich auf dem Grün befindet, entfernen. Bewegt sich dabei der Ball, muß dieser an seine ursprüngliche Stelle zurückgelegt werden, ohne daß der Spieler eine Strafe erhält.

Palla mossa nel marcarne la posizione
Il giocatore ha mosso involontariamente la palla mentre ne marcava la posizione. Deve ripiazzarla nella sua posizione originale, senza penalità.

Bola movida al tratar de marcarla
El jugador ha movido involontariamente la bola al tratar de marcarla, debiendo reponerla en su posición inicial, sin incurrir en penalidad.

Ball beim Markieren bewegt
Der Spieler hat beim Markieren des Balles diesen versehentlich bewegt. Er muß ihn an seine vorherige Stelle zurücklegen, ohne daß er hierfür eine Strafe erhält.

Sul green
En el green
Auf dem Grün

Palla che giace in una pozzanghera o dietro di essa
Il giocatore può giocare la palla dove si trova o piazzarla nel punto più vicino da dove essa può essere giocata fuori dalla pozzanghera, ma non più vicino alla buca, né in un ostacolo. Se la pozzanghera si trova sulla linea del putt o i piedi del giocatore sono nell'acqua, il giocatore può ugualmente ovviare all'interferenza senza penalità. (Vedi a pag. 20-24)

Bola que reposa en o detrás de un charco de agua
El jugador puede jugar la bola donde se encuentra o colocarla en el punto más próximo en el que ésta puede ser jugada fuera del charco, sin acercarse al agujero ni en un obstáculo. Si el charco se encuentra en la línea de putt o los pies del jugador pisan el agua, el jugador puede también aliviarse sin penalidad. (Ver páginas 20-24)

Ball bleibt in oder hinter einer Wasserpfütze liegen
Der Spieler kann den Ball spielen, wie er liegt, oder ihn an den nächsten Punkt hinlegen, von dem aus er außerhalb der Pfütze gespielt werden kann, jedoch nicht näher zum Grün und nicht in ein Hindernis. Befindet sich die Pfütze in der Puttlinie oder steht der Spieler beim Schlag mit seinen Füßen im Wasser, kann er auch straffrei Erleichterung in Anspruch nehmen (Siehe Seiten 20-24)

Riparare la buca prima di eseguire un colpo
Il giocatore sta riparando l'orlo della buca prima di eseguire il suo colpo, quindi incorre nella penalità.

Arreglar el agujero antes de ejecutar un golpe
El jugador está arreglando el borde del agujero antes de ejecutar su golpe, incurriendo por ello en penalidad.

Reparieren des Lochs vor Ausführung eines Schlages
Der Spieler repariert den Lochrand vor Ausführen seines Schlages, wofür er eine Strafe erhält.

Sul green
En el green
Auf dem Grün

Palla che rimane in bilico sull'orlo della buca
Se la palla cade in buca entro dieci secondi dal momento in cui la giocatrice si è avvicinata alla buca, è considerata imbucata. Se invece la palla entra in buca dopo i dieci secondi, la giocatrice incorre nella penalità di un colpo ed ha completato la buca.

Bola colgando sobre el borde del agujero
Si la bola cae en el agujero antes de diez segundos desde que la jugadora se haya acercado al mismo, se considera que la bola ha entrado con el golpe realizado. Si la bola entra después de este tiempo, la jugadora incurre en un golpe de penalidad, dándose por terminado el hoyo.

Ball bleibt am Lochrand hängen
Fällt der Ball innerhalb von zehn Sekunden ins Loch, nachdem die Spielerin sich ihm genähert hat, wird davon ausgegangen, daß der Ball mit dem ausgeführten Schlag eingelocht wurde. Fällt der Ball nach Ablauf dieser Zeit ins Loch, erhält die Spielerin einen Strafschlag und hat damit das Loch beendet.

Eseguire il colpo stando coi piedi dall'altra parte della buca
Il giocatore può eseguire il suo colpo prendendo la posizione dei piedi dall'altra parte della buca, senza incorrere nella penalità.

Ejecutar el golpe con los pies al otro lado del agujero
El jugador puede ejecutar su golpe con los pies colocados al otro lado del agujero sin incurrir en penalidad.

Ausführen eines Schlags mit den Füßen auf der anderen Seite des Lochs
Der Spieler darf seinen Schlag ausführen und dabei mit den Füßen auf der gegenüberliegenden Seite des Lochs stehen, ohne hierfür eine Strafe zu erhalten.

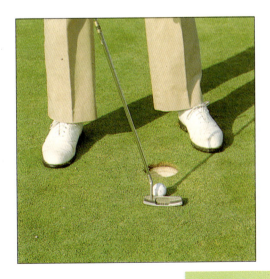

Sul green
En el green
Auf dem Grün

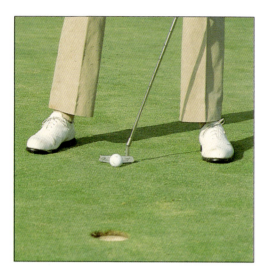

Eseguire il colpo stando coi piedi a cavalcioni sulla linea del putt
Il giocatore non può prendere la posizione dei piedi a cavalcioni della linea del putt mentre esegue un colpo sul green, altrimenti incorre nella penalità.

Ejecutar el golpe con los pies a horcajadas de la la línea de putt
El jugador no puede colocar sus pies a horcajadas de la línea de putt mientras ejecuta un golpe en el green, ya que, si lo hace, incurre en penalidad.

Ausführen des Schlags mit den Füßen auf beiden Seiten der Puttlinie
Der Spieler darf seine Füße nicht auf beide Seiten der Puttlinie positionieren, während er einen Schlag auf dem Grün ausführt. Tut er dies, erhält er eine Strafe.

Eseguire il colpo coi piedi sull'estensione della linea del putt
Il giocatore non può prendere la posizione dei piedi sull'estensione della linea del putt mentre esegue un colpo sul green, altrimenti incorre nella penalità.

Ejecutar el golpe con los pies en la prolongación de la línea de putt
El jugador no puede colocar sus pies en prolongación de la línea de putt mientras ejecuta el golpe, ya que, si lo hace, incurre en penalidad.

Ausführen des Schlages mit den Füßen in der Verlängerung der Puttlinie
Während der Ausführung seines Schlages, darf der Spieler mit seinen Füßen nicht in der Verlängerung der Puttlinie stehen, da er sonst für sein Verhalten bestraft wird.

Sul green
En el green
Auf dem Grün

Palla che colpisce l'asta della bandiera appoggiata per terra
La palla del giocatore ha colpito l'asta della bandiera che si trova sul green, incorre quindi nella penalità. Il giocatore sarebbe incorso nella penalità anche se la bandiera si fosse trovata fuori dal green

Bola que golpea la bandera en el suelo
La bola del jugador ha golpeado la bandera que se encuentra sobre el green, incurriendo por ello en penalidad. Si la bandera hubiera estado fuera del green, el jugador también habría incurrido en penalidad.

Ball berührt die Fahne auf dem Boden
Der Ball des Spielers hat die Fahne, die auf dem Grün liegt, berührt. Dafür erhält der Spieler eine Strafe. Auch wenn die Fahne außerhalb des Grüns gelegen hätte, wäre dem Spieler eine Strafe angerechnet worden.

Palla che colpisce l'asta della bandiera ed entra in buca
La giocatrice ha eseguito il colpo dal green con l'asta della bandiera in buca, la palla ha toccato l'asta ed è caduta in buca, quindi la giocatrice incorre nella penalità e la buca si ritiene completata.

Bola que golpea la bandera y entra en el agujero
La jugadora ha ejecutado el golpe en el green con la bandera puesta en el agujero, entrando la bola en el mismo. La jugadora incurre en penalidad, dándose por terminado el hoyo.

Ball berührt die Fahne und fällt ins Loch
Die Spielerin hat den Schlag auf dem Grün ausgeführt und den Ball eingelocht, obwohl die Fahnenstange im Loch steckte. Die Spielerin muß sich eine Strafe anrechnen und beendet damit das Loch.

Sul green
En el green
Auf dem Grün

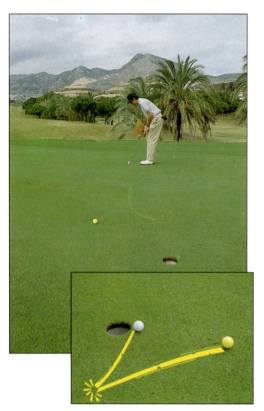

Palla che colpisce un'altra palla
La palla del giocatore ha colpito la palla di un altro giocatore. Il primo giocatore incorre nella penalità e deve giocare la palla come si trova. In Match Play non si incorre in alcuna penalità. In entrambi i casi la palla colpita deve essere ripiazzata.

Bola que golpea a otra bola
La bola del jugador ha golpeado a la bola de otro jugador, incurriendo el primero en penalidad, debiendo jugar la bola como quede. En Match Play no existe penalidad. En ambos casos, la bola golpeada debe ser repuesta.

Ball berührt einen anderen Ball
Der Ball des Spielers hat den eines anderen Spielers berührt, wofür der erstere eine Strafe erhält. Er muß seinen Ball von dort spielen, wo er liegenbleibt. Im Lochspiel wird keine Strafe erteilt. In beiden Fällen wird der berührte Ball zurückgelegt.

Consentire di essere riparato con un ombrello da un'altra persona
La giocatrice che viene riparata dalla pioggia con un ombrello retto da un'altra persona mentre esegue il suo colpo sul green, incorre nella penalità.

Permitir la protección de otra persona con paraguas
La jugadora está siendo protegida de la lluvia con un paraguas sostenido por otra persona mientras ejecuta el golpe en el green, incurriendo por ello en penalidad.

Erlaubnis, eine andere Person mit dem Regenschirm zu schützen
Während sie auf dem Grün ihren Schlag ausführt, wird die Spielerin von einer anderen Person mit dem Schirm gegen den Regen geschützt; dafür erhält die Spielerin eine Strafe.

Sul green
En el green
Auf dem Grün

Palla che colpisce un'altra palla e poi cade in buca
La palla della giocatrice ha colpito la palla gialla di un altro giocatore ed è poi caduta in buca. La giocatrice ha completato la buca, ma è incorsa nella penalità. In Match Play non c'è penalità. In entrambi i casi, la palla mossa deve essere ripiazzata.

Bola que golpea a otra bola entrando la primera en el agujero
La bola del jugador ha golpeado a la bola amarilla de otro jugador y ha entrado en el agujero. El jugador ha terminado el hoyo, pero ha incurrido en penalidad. En Match Play no existe penalidad. En ambos casos, la bola desplazada debe ser repuesta.

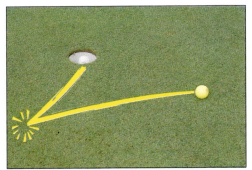

Ball berührt einen anderen Ball und fällt danach ins Loch
Der Ball der Spielerin hat den gelben Ball eines anderen Spielers berührt und fällt ins Loch. Die Spielerin hat zwar das Loch beendet, erhält jedoch eine Strafe. Im Lochspiel entfällt die Strafe. In beiden Fällen muß der berührte Ball an seinen Platz zurückgelegt werden.

Ripararsi con un ombrello mentre si esegue un colpo
La giocatrice sta eseguendo il colpo sul green con una mano e con l'altra regge l'ombrello, senza incorrere nella penalità.

Protegerse uno mismo con el paraguas al ejecutar un golpe
El jugador está ejecutando el golpe en el green con una mano, sosteniendo el paraguas con la otra, sin incurrir por ello en penalidad.

Während der Ausführung des Schlags sich selbst mit dem Regenschirm schützen
Die Spielerin führt ihren Schlag auf dem Grün mit einer Hand aus und hält in der anderen den Regenschirm, ohne hierfür eine Strafe zu erhalten.

Sul green
En el green
Auf dem Grün

Palla che colpisce un'altra palla e la fa cadere in buca
La palla della giocatrice ha colpito la palla gialla di un altro giocatore che di conseguenza è caduta in buca. La giocatrice incorre nella penalità e deve giocare la palla nella posizione in cui si trova. In Match Play non c'è penalità. In entrambi i casi, la palla colpita deve essere ripiazzata.

Bola que golpea a otra entrando ésta en el agujero.
La bola de la jugadora ha golpeado a la bola amarilla de otro jugador y ésta ha entrado en el agujero. La jugadora incurre en penalidad y debe jugar su bola en la posición en la que se encuentra. En Match Play no existe penalidad. En ambos casos, la bola desplazada debe ser repuesta.

Ball berührt einen anderen, der daraufhin ins Loch fällt
Der Ball der Spielerin hat den gelben Ball eines anderen Spielers berührt, worauf dieser ins Loch fällt. Die Spielerin erhält eine Strafe und muß ihren Ball von der Stelle spielen, wo er liegengeblieben ist. Im Lochspiel entfällt die Strafe. In beiden Fällen muß der berührte Ball an seinen Platz zurückgelegt werden.

Giocare sul green dopo aver completato la buca
Quando tutti i giocatori hanno finito una buca, si può praticare il putt o l'aproccio sopra o verso il green dell' ultima buca giocata ma non da un ostacolo e a condizione che ciò non ritardi il gioco.

Jugar en el green una vez terminado el hoyo
Una vez que todos los jugadores han terminado un hoyo, cualquiera de ellos puede practicar el putt o pequeños golpes en o cerca del green terminado, siempre que no sea desde un obstáculo y no retrasen el juego.

Nach Beendigung des Lochs auf dem Grün spielen
Sobald alle Spieler das Loch beendet haben, kann jeder von ihnen mit dem Putter üben oder kleine Schläge auf dem oder um das beendete Grün herum ausführen, immer vorausgesetzt, daß dies nicht von einem Hindernis geschieht oder das Spiel verzögert.

Sul green
En el green
Auf dem Grün

Palla che colpisce il giocatore che custodisce l'asta della bandiera
La palla della giocatrice ha colpito il piede di chi le stava custodendo, con la sua autorizzazione, l'asta della bandiera quindi incorre nella penalità. La palla deve essere giocata nella posizione in cui si trova.

Bola que golpea al jugador que atiende la bandera
La bola de la jugadora ha golpeado el pie de la persona que atiende la bandera con autorización de la jugadora, por lo que incurre en penalidad. La bola debe jugarse en la posición en la que reposa.

Ball berührt den Spieler, der die Fahne bedient
Der Ball der Spielerin hat den Fuß der Person berührt, die die Fahne mit Erlaubnis der Spielerin bedient, wofür diese eine Strafe erhält. Der Ball muß von der Stelle gespielt werden, wo er zur Ruhe kommt.

10

In altre situazioni
En otras situaciones
In anderen Situationen

In altre situazioni
En otras situaciones
In anderen Situationen

Palle che giacciono vicine non identificate
La giocatrice ed il giocatore non riescono ad identificare la propria palla, di conseguenza, entrambe vengono considerate perse. Ognuno dei giocatori deve droppare una palla il più vicino possibile al punto in cui ha giocato l'ultimo colpo e aggiungervi un colpo di penalità.

Bolas próximas sin identificar
La jugadora y el jugador no pueden identificar cuál es la bola de cada uno de ellos, por lo que ambas bolas se consideran perdidas. Los jugadores deben dropar cada uno de ellos una bola en el lugar más próximo al punto en el que jugaron por última vez y añadir un golpe de penalidad.

Nicht identifizierte Bälle liegen dicht beieinander
Die Spielerin und der Spieler sind nicht in der Lage festzustellen, welches ihr Ball ist; daher gelten beide Bälle als verloren. Jeder der Spieler muß an der nächstgelegenen Stelle bei dem Punkt, von dem aus der letzte Schlag ausgeführt worden war, einen Ball fallenlassen und sich jeweils einen Strafschlag anrechnen.

Palla fuori limite
Il giocatore ha mandato la palla fuori dai limiti del campo di gioco, deve quindi giocare un'altra palla, con la penalità di un colpo, il più vicino possibile al punto in cui ha giocato l'ultimo colpo.

Bola fuera de límites
El jugador ha enviado la bola fuera de los límites del campo, por lo que debe jugar otra bola con un golpe de penalidad, desde el lugar más próximo al que jugó su último golpe.

Ball im Aus
Der Spieler hat den Ball ins Aus geschlagen. Von der nächstgelegenen Stelle bei dem Punkt, von dem aus der vorherige Schlag ausgeführt worden war, muß der Spieler einen anderen Ball spielen und sich einen Strafschlag anrechnen.

In altre situazioni
En otras situaciones
In anderen Situationen

Palla rotta in più pezzi
Nell'eseguire il colpo, la palla si è rotta in due pezzi. Il giocatore deve droppare un'altra palla, senza alcuna penalità, il più vicino possibile al punto in cui ha giocato l'ultimo colpo.

Bola rota en pedazos
Al ejecutar el golpe la bola se ha roto en el aire en dos partes, por lo que puede dropar otra bola sin penalidad en el punto más próximo al cual fue jugado el golpe anterior.

Ball in Stücke zerrissen
Bei der Durchführung des Schlages ist der Ball in der Luft in zwei Teile zerbrochen. Der Spieler darf straffrei einen anderen Ball an der nächstgelegenen Stelle bei dem Punkt fallenlassen, von dem aus der vorherige Schlag ausgeführt worden war.

Palla giocata da un posto sbagliato
La giocatrice ha droppato una palla in un posto sbagliato. Se la gioca, incorre nella penalità o addirittura nelle squalifica. La giocatrice deve riferire i fatti al Comitato. In Match Play la giocatrice infrangendo questa regola, perde la buca.

Jugar una bola desde un lugar equivocado
La jugadora ha dropado la bola en un lugar incorrecto, por lo que si juega la bola incurre en penalidad, pudiendo llegar ésta a la descalificación. La jugadora deberá comunicar este hecho al Comité. En Match Play la jugadora habría perdido el hoyo.

Spielen eines Balls von einer falschen Stelle
Die Spielerin hat den Ball an einer falschen Stelle fallengelassen, wofür sie eine Strafe erhält, die sogar zur Disqualifikation führen kann. Die Spielerin muß diesen Vorfall der Spielleitung melden. Im Lochspiel hätte die Spielerin das Loch verloren.

In altre situazioni
En otras situaciones
In anderen Situationen

Palla tagliata o incrinata
La giocatrice può sostituire la palla con un'altra. Prima di alzarla però, deve rendere nota la sua intenzione al proprio marcatore e marcarne la posizione altrimenti incorre nella penalità di un colpo. Quando la palla viene così alzata non la si può pulire.

Bola cortada o rajada
La jugadora puede sustituir la bola por otra. Antes de levantar la bola, debe avisar a su marcador y marcar la posición de la misma. Si no lo hace así, la jugadora incurre en un golpe de penalidad. Al levantar así la bola, ésta no puede ser limpiada.

Ball beschädigt oder zerkratzt
Die Spielerin darf den Ball durch einen anderen ersetzen. Vor dem Aufnehmen des Balles, muß sie dies ihrem Zähler ankündigen und die Position des Balles markieren. Verfährt sie nicht auf diese Weise, erhält sie eine Strafe. Wird der Ball aus diesem Grund aufgenommen, darf er nicht gereinigt werden.

Palle che si urtano in aria o in movimento
Quando due palle si urtano in aria o in movimento, devono essere giocate nella posizione in cui si trovano senza che i giocatori siano incorsi nella penalità.

Bolas que chocan en el aire o rodando
Cuando dos bolas chocan en el aire o rodando, ambas deben ser jugadas en la posición en la que queden sin que los jugadores incurran en penalidad.

Bälle berühren sich in der Luft oder in Bewegung
Berühren sich zwei Bälle in der Luft oder während sie in Bewegung sind, müssen sie beide von der Stelle gespielt werden, an der sie zur Ruhe kommen, ohne daß die Spieler deshalb eine Strafe erhalten.

151

In altre situazioni
En otras situaciones
In anderen Situationen

Arrestare il movimento discendente (Downswing)
La giocatrice vede una persona che attraversa la strada con un cane e arresta volontariamente il movimento discendente prima che il bastone raggiunga la palla, si ritiene quindi che il colpo non sia stato effettuato.

Interrumpir el swing
La jugadora ha parado la bajada del palo antes de golpear la bola, al ver que una persona cruzaba la calle con un perro, por lo que no se considera que ha ejecutado el golpe.

Unterbrechen des Schwungs
Als die Spielerin feststellt, daß eine Person mit einem Hund das Fairway kreuzt, bricht sie ihren Schwung ab, bevor der Schläger den Ball trifft. Der Schlag wird nicht als solcher gewertet.

Droppare in modo errato la palla
Il giocatore sta droppando la palla in modo errato e, se la gioca, incorre nella penalità di un colpo. Prima di giocarla, il giocatore può alzare la palla, senza penalità, e ridropparla correttamente. (Vedi a pag. 30-31)

Dropar incorrectamente la bola
El jugador está dropando incorrectamente su bola, por lo que si la juega incurre en un golpe de penalidad. Antes de jugarla, el jugador puede levantar la bola sin penalidad y volverla a dropar correctamente. (Ver páginas 30-31)

Den Ball falsch fallenlassen
Der Spieler hat seinen Ball nicht korrekt fallengelassen. Spielt er ihn dennoch, erhält er einen Strafschlag angerechnet. Bevor er den Ball spielt, darf der Spieler ihn straffrei aufnehmen und noch einmal richtig fallenlassen (Siehe Seiten 30-31).

In altre situazioni
En otras situaciones
In anderen Situationen

Colpire la palla più di una volta
La giocatrice ha colpito la palla due volte ed è incorsa nella penalità di un colpo.

Golpear varias veces la bola
La jugadora ha golpeado la bola dos veces, incurriendo por ello en un golpe de penalidad.

Den Ball mehrmals treffen
Die Spielerin hat den Ball zweimal getroffen, wofür sie sich einen Strafschlag anrechnen muß.

Palla vicino o sopra un idrante
L'idrante può essere rimosso per eseguire il colpo. Se la palla si muove la si può ripiazzare senza alcuna penalità. Se la palla si trova sopra l'idrante, la si può alzare senza penalità, rimuovere l'idrante e droppare la palla il più vicino possibile al punto in cui essa giaceva, ma non più vicino alla buca.

Bola junto o sobre una manguera
La manguera puede ser retirada para ejecutar el golpe. Si la bola se mueve, ésta puede ser repuesta sin penalidad. Si la bola estuviera sobre la manguera, la bola podría ser levantada sin penalidad, retirando la manguera y dropando la bola tan cerca como sea posible debajo del punto en el que reposaba la bola, sin acercarse al agujero.

Ball nahe bei oder auf einem Wasserschlauch
Der Schlauch darf weggenommen werden, um den Schlag ausführen zu können. Bewegt sich dabei der Ball, muß er straffrei zurückgelegt werden. Liegt der Ball auf dem Schlauch, kann er straffrei aufgenommen, der Schlauch entfernt und der Ball so nahe wie möglich der Stelle, wo er zur Ruhe gekommen war, fallengelassen werden, jedoch nicht näher zum Loch.

In altre situazioni
En otras situaciones
In anderen Situationen

Palla che si muove dopo che il giocatore ha preso posizione su di essa
Mentre il giocatore appoggia il bastone sull'erba, la palla rotola verso il basso, egli quindi incorre nella penalità di un colpo e deve ripiazzare la palla nella sua posizione originale.

Bola que se mueve después de preparar el golpe.
Al apoyar el jugador su palo en la hierba, la bola ha rodado hacia abajo, por lo que éste incurre en un golpe de penalidad, debiendo reponer la bola en su posición inicial.

Ball bewegt sich nach dem Ansprechen
Nachdem der Spieler seinen Schläger im Gras aufgesetzt hat, ist der Ball nach unten gerollt, wofür der Spieler einen Strafschlag erhält. Er muß den Ball an seine ursprüngliche Stelle zurücklegen.

Palla accanto ad un paletto del fuori limite
Il giocatore non può ovviare all'interferenza senza penalità in questa situazione, deve quindi giocare la palla come si trova o dichiararla ingiocabile.

Bola junto a una estaca fuera de límites
El jugador no puede aliviarse sin penalidad de esta situación, debiendo jugar la bola como se encuentra o declararla injugable.

Ball dicht bei einem Aus-Markierungs-Pfosten
Der Spieler darf straffrei keine Erleichterung in Anspruch nehmen, sondern er muß den Ball spielen, wie er liegt oder ihn für unspielbar erklären.

In altre situazioni
En otras situaciones
In anderen Situationen

Dubbi sulla procedura

La palla della giocatrice è andata a finire nell'impronta di un cavallo e non è sicura di poter ovviare all'interferenza senza penalità. In questa situazione la giocatrice può, senza penalità, giocare la palla come si trova e dropparne un'altra. La giocatrice deve rendere nota al proprio marcatore la sua intenzione di invocare questa regola e con quale palla intende segnare il punteggio, se le regole lo permettono. La giocatrice deve riferire i fatti al Comitato prima di riconsegnare la carta, a meno che ella riporti lo stesso punteggio con entrambe le palle; se manca di farlo sarà squalificata. In Match Play la giocatrice non può giocare due palle.

Dudas en cuanto a la forma de proceder

La bola de la jugadora ha quedado en una huella de caballo, dudando ésta si puede aliviarse de la misma sin penalidad. En esta situación la jugadora tiene el derecho de jugar la bola como se encuentra y de dropar una segunda bola. La jugadora debe comunicar a su marcador su decisión de aplicar esta regla, señalando la bola que quiere que cuente si las reglas lo permiten. La jugadora deberá informar de los hechos al Comité antes de entregar la tarjeta, salvo que el resultado con ambas bolas sea el mismo; si no lo hace, será descalificada. En Match Play la jugadora no puede jugar una segunda bola.

Zweifel über die Vorgehensweise

Der Ball der Spielerin ist in dem Fußabdruck eines Pferdes liegengeblieben und sie zweifelt, ob sie straffrei Erleichterung in Anspruch nehmen darf. In dieser Situation hat die Spielerin das Recht, den Ball zu spielen, wie er liegt, und einen zweiten Ball fallenzulassen. Die Spielerin muß ihrem Zähler ihre Entscheidung, diese Regel anzuwenden, mitteilen und auf den Ball hinweisen, von dem sie möchte, daß er zählt, wenn die Regeln dies erlauben. Die Spielerin muß vor Abgabe ihrer Zählkarte der Spielleitung von dem Vorkommnis Bericht erstatten, es sei denn, das Resultat beider Bälle ist das gleiche. Verfährt sie nicht so, wird sie disqualifiziert. Im Lochspiel darf die Spielerin keinen zweiten Ball spielen.

Riconsegnare la carta

Prima di riconsegnare la carta il concorrente deve controllare che il punteggio registrato per ogni buca sia quello giusto. La carta deve essere firmata dal marcatore e controfirmata dal giocatore, altrimenti il giocatore sarà squalificato. Questa regola non viene applicata in Match Play.

Devolución de la tarjeta

Antes de devolver la tarjeta hay que comprobar que el resultado anotado para cada hoyo es el correcto. La tarjeta debe ser firmada por el marcador y el jugador, ya que si se incumple esto, el jugador será descalificado. Esta regla no se aplica en Match Play.

Rückgabe der Zählkarten

Vor Rückgabe der Zählkarte muß überprüft werden, ob das notierte Ergebnis für jedes Loch richtig ist. Die Karte muß vom Zähler und vom Spieler unterschrieben sein. Geschieht dies nicht, wird der Spieler disqualifiziert. Diese Regel gilt nicht beim Lochspiel.

In altre situazioni
En otras situaciones
In anderen Situationen

Palla che colpisce il giocatore o il suo partner
Nell'eseguire il colpo accanto alla palma, la palla ha colpito la giocatrice alla gamba. Ella incorre nella penalità e deve giocare il colpo successivo dal punto in cui giace la palla. Se la palla avesse colpito il suo partner o i loro portabastoni, la giocatrice sarebbe comunque incorsa nella penalità.

Bola que golpea al propio jugador o a su compañero
Al efectuar el golpe junto a la palmera, la bola ha golpeado en la pierna de la jugadora. Esta incurre en penalidad, debiendo jugar el golpe siguiente en donde ha quedado la bola. Si la bola hubiera golpeado a su compañero o a los caddies de ambos, la jugadora también habría incurrido en penalidad.

Ball trifft den Spieler selbst oder seinen Spielpartner
Der dicht bei einer Palme liegende Ball ist gespielt worden und trifft das Bein der Spielerin. Sie erhält hierfür eine Strafe und muß den Ball spielen, wo er liegengeblieben ist. Hätte der Ball ihren Partner oder einen der Caddies getroffen, wäre der Spielerin ebenfalls eine Strafe angerechnet worden.

In altre situazioni
En otras situaciones
In anderen Situationen

Palla che rimane sopra agli abiti del giocatore o il suo equipaggiamento
La giocatrice incorre nella penalità e deve droppare la palla il più vicino possibile al punto dove giaceva la palla. Se la palla fosse andata a finire sugli abiti del partner, sul suo equipaggiamento o sugli abiti dei loro portabastoni, la giocatrice sarebbe comunque incorsa nella penalità.

Bola en la ropa del propio jugador o en su equipo
La jugadora incurre en penalidad, debiendo dropar la bola tan cerca como sea posible debajo del punto al que ha ido a parar la bola. La jugadora habría incurrido también en penalidad si la bola hubiera quedado en la ropa de su compañero, en su equipo o en la ropa de sus caddies.

Ball in der Kleidung des Spielers oder in seiner Ausrüstung
Die Spielerin erhält eine Strafe und muß den Ball so nahe wie möglich unterhalb der Stelle fallenlassen, wo der Ball liegengeblieben ist. Die Spielerin hätte auch eine Strafe erhalten, wenn der Ball in der Kleidung ihres Spielpartners, in seiner Ausrüstung oder in der Kleidung ihrer Caddies liegengeblieben wäre.

In altre situazioni
En otras situaciones
In anderen Situationen

Palla che colpisce un altro giocatore
La palla del giocatore ha colpito l'albero e di rimbalzo ha colpito l'altro giocatore alla gamba. La palla deve essere giocata come si trova, senza penalità. In Match Play il giocatore può decidere di ripetere il colpo.

Bola que golpea a otro jugador
La bola del jugador ha dado en el árbol, golpeando después en la pierna de otro jugador que no es su compañero. La bola debe ser jugada tal y como ha quedado, aunque nadie incurre en penalidad. En Match Play el jugador puede optar por repetir el golpe.

Ball trifft einen anderen Spieler
Der Ball des Spielers schlägt an den Baum und trifft danach das Bein eines anderen Spielers, der nicht sein Spielpartner ist. Der Ball muß gespielt werden, wie er liegt, niemand erhält eine Strafe. Im Lochspiel hat der Spieler die Option, den Schlag zu wiederholen.

In altre situazioni
En otras situaciones
In anderen Situationen

Palla in movimento deviata da un carrello o da un golf cart
La palla del giocatore ha colpito il carrello di un altro giocatore, che non è suo partner, quindi egli non incorre in alcuna penalità. La palla deve essere giocata nel punto in cui giace. In Match Play il giocatore può decidere di ripetere il colpo.
Se la palla avesse colpito il carrello o il golf cart del giocatore stesso o del suo partner, il giocatore sarebbe incorso nella penalità e la palla dovrebbe essere giocata nel punto dove si trovava.

Bola en movimiento desviada por un carro o coche
La bola del jugador ha golpeado en el carro de otro jugador, que no es su compañero, aunque por ello no incurre en penalidad. La bola debe ser jugada en el lugar en el que reposa. En Match Play el jugador puede optar por repetir el golpe.
SI la bola hubiera golpeado al carro o coche del propio jugador o de su compañero, el jugador habría incurrido en penalidad, debiendo jugar la bola como ha quedado.

Ball in Bewegung wird durch einen Golfwagen oder ein Golfauto abgeleitet
Der Ball des Spielers hat den Golfwagen eines anderen Spielers berührt, der nicht sein Spielpartner ist; der Spieler bleibt straffrei. Der Ball muß von der Stelle gespielt werden, wo er zur Ruhe kam. Beim Lochspiel hat der Spieler die Option, den Schlag zu wiederholen.
Hätte der Ball den Golfwagen des Spielers selbst oder seines Spielpartners getroffen, wäre dem Spieler eine Strafe angerechnet worden und er hätte den Ball spielen müssen, wo er liegengeblieben ist.

In altre situazioni
En otras situaciones
In anderen Situationen

Palla in movimento deviata da un golf cart usato da due giocatori
La palla della giocatrice è stata deviata dal golf cart condiviso con un altro giocatore. La giocatrice incorre nella penalità e deve giocare la palla nel punto in cui giace. In Match Play la giocatrice avrebbe perso la buca.

Bola en movimiento desviada por un coche compartido
La bola de la jugadora ha sido desviada por un coche compartido por ésta y otro jugador. La jugadora incurre en penalidad, debiendo jugar la bola en el lugar en el que reposa. En Match Play la jugadora habría perdido el hoyo.

Ball in Bewegung wird vom gemeinsam genutzten Golfauto abgeleitet
Der Ball der Spielerin ist von dem von ihr und einem anderen Spieler genutzten Golfauto abgeleitet worden, wofür die Spielerin eine Strafe erhält. Sie muß den Ball spielen, wie er liegt. Im Lochspiel hätte die Spielerin das Loch verloren.

Palla ferma mossa da un carrello o da un golf cart
La palla del giocatore è stata mossa dal proprio carrello e quindi egli incorre nella penalità di un colpo e deve ripiazzare la palla.
Se la palla é mossa dal carrello di un concorrente, diverso dal suo partner, questi non incorre in alcuna penalità. In Match Play il concorrente incorre nella penalità di un colpo, a meno che la palla non venga mossa durante la ricerca. In entrambi i casi la palla deve essere ripiazzata.

Bola en reposo movida por un carro o coche
La bola del jugador ha sido movida por su propio carro, por lo que incurre en un golpe de penalidad, debiendo reponer la bola.
Si la bola es movida por el carro de un jugador que no es su compañero, éste no incurre en penalidad. En Match Play el jugador incurre en un golpe de penalidad, a no ser que estuviera buscando la bola. En ambos casos, la bola debe ser repuesta.

Ball in Ruheposition wird von einem Wagen oder Auto bewegt
Der Ball des Spielers ist von dessen eigenem Golfwagen bewegt worden; dafür muß sich der Spieler einen Strafschlag anrechnen lassen. Der Ball wird zurückgelegt.
Wird der Ball von dem Wagen eines Spielers bewegt, der nicht sein Spielpartner ist, erhält dieser keine Strafe. Im Lochspiel muß sich dieser Spieler eine Strafe anrechnen, es sei denn, er sucht gerade den Ball. In beiden Fällen muß der Ball zurückgelegt werden.

In altre situazioni
En otras situaciones
In anderen Situationen

Palla ferma mossa da un golf cart usato da due giocatori
Se un golf cart è condiviso da due giocatori che non sono partner e il golf cart muove la palla del giocatore che lo guida, questo giocatore incorre nella penalità di un colpo. La palla deve essere ripiazzata.
Se la palla mossa appartiene ad un altro giocatore diverso dal suo partner, questi non incorre nella penalità. In Match Play il giocatore incorre nella penalità di un colpo, a meno che la palla non venga mossa durante la ricerca. In entrambi i casi la palla deve essere ripiazzata nella sua posizione originale.

Bola en reposo movida por un coche compartido
Si un coche de golf es compartido por dos jugadores que no son compañeros y este coche mueve la bola del jugador que lo conduce, este jugador incurre en un golpe de penalidad. La bola debe ser repuesta.
Si la bola movida pertenece a otro jugador que no es compañero, éste no incurre en penalidad. En Match Play el jugador incurre en un golpe de penalidad, a no ser que esté buscando la bola. En ambos casos, la bola debe ser repuesta en su posición inicial.

Ball in Ruheposition wird von einem gemeinsam genutzten Golfauto bewegt
Wird das Golfauto von zwei Spielern, die nicht Spielpartner sind, gemeinsam genutzt, und bewegt dieses Auto den Ball des Spielers, der das Auto fährt, erhält dieser Spieler eine Strafe und der Ball muß zurückgelegt werden.
Gehört der bewegte Ball dem anderen Spieler, der nicht Spielpartner ist, bleibt dieser straffrei. Im Lochspiel erhält der Spieler eine Strafe, es sei denn, er sucht gerade den Ball. In beiden Fällen muß der Ball an seine ursprüngliche Stelle zurückgelegt werden.

In altre situazioni
En otras situaciones
In anderen Situationen

Palla su un sentiero artificiale
Il giocatore può ovviare all'interferenza senza penalità droppando la palla entro la distanza massima di un bastone dal punto più vicino a quello in cui la palla può essere giocata evitando il sentiero artificiale, che non sia né in un ostacolo, né su un green e non più vicino alla buca. Nella situazione della fotografia in alto alla pagina successiva, il punto più vicino è quello in cui si trova il giocatore, accanto all'albero, anche se questo può ostacolare un po' il suo colpo.
Nella situazione raffigurata nelle fotografie in basso, la palla si trova proprio in mezzo ad un sentiero artificiale, il giocatore non può scegliere indifferentemente se droppare la palla da una parte del sentiero o dall'altra. Per un giocatore destro, il punto più vicino dove droppare la palla è chiaramente quello indicato con la lettera "A".

Bola sobre un camino artificial
El jugador puede aliviarse sin penalidad dropando la bola dentro de la distancia máxima de un palo del punto más cercano en el que la bola puede ser jugada evitando el camino artificial, sin acercarse al agujero, que no esté en un obstáculo ni en un green. En la situación de la foto superior el punto más cercano es donde se encuentra el jugador, próximo al árbol, aunque éste pueda dificultar algo su golpe.
En la situación que se representa en las fotografías inferiores, la bola se encuentra en el centro de un camino artificial, pero no por ello resulta indiferente dropar la bola a un lado u otro del camino. Para un jugador diestro, el punto más cercano donde la bola puede ser jugada corresponde como puede observarse al señalado con la letra A.

Ball auf einem künstlichen Weg
Der Spieler kann straffrei Erleichterung in Anspruch nehmen und den Ball in der maximalen Entfernung einer Schlägerlänge von dem nächstgelegenen Punkt fallenlassen, von dem aus der Schlag ohne Behinderung durch den künstlichen Weg ausgeführt werden kann, jedoch nicht näher zum Loch, nicht in einem Hindernis und nicht auf einem Grün. Die Situation auf dem oberen Foto der folgenden Seite zeigt, daß der nächstgelegene Punkt dort ist, wo der Spieler sich befindet, nämlich nahe bei dem Baum, obwohl dieser den Schlag etwas erschweren könnte.
In den kleineren Fotos befindet sich der Ball in der Mitte eines künstlichen Weges; der Spieler hat jedoch nicht die Wahl, auf welcher Seite des Weges er seinen Ball fallenläßt. Für einen rechtshändigen Spieler entspricht der nächstgelegene Punkt, von dem aus der Ball gespielt werden kann, der Stelle, die mit dem Buchstaben "A" gekennzeichnet ist.

In altre situazioni
En otras situaciones
In anderen Situationen

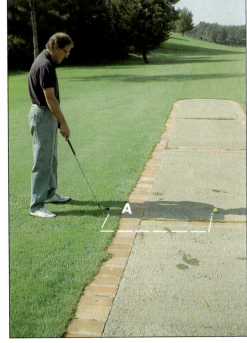

163

In altre situazioni
En otras situaciones
In anderen Situationen

Palla su un green sbagliato
Se una palla giace su un green diverso dal green della buca che si sta giocando, la palla deve essere alzata e droppata senza penalità. Il giocatore deve determinare il punto più vicino fuori dal green, a quello in cui giace la palla, che non sia né in un ostacolo, né in un green e non più vicino alla buca (Punto A). Partendo da questo punto, la palla può essere droppata entro la distanza di un bastone (Punto B), a condizione che il punto B non sia né in un ostacolo, né su un green, né più vicino alla buca.

Bola en un green equivocado
Si una bola reposa en un green distinto al del hoyo que se está jugando, la bola debe ser levantada y dropada sin penalidad. El jugador debe determinar el punto más próximo al que reposa la bola fuera del green, que no esté más cerca del agujero, ni en un obstáculo, ni en un green (Punto A).
A partir de ese punto, la bola puede ser dropada dentro de la distancia de un palo (Punto B), con la condición de que el punto B no esté más cerca del agujero, ni en un obstáculo, ni en un green.

Ball auf einem falschen Grün
Kommt der Ball auf einem Grün zur Ruhe, welches nicht zu dem gespielten Loch gehört, darf der Ball straffrei aufgenommen und fallengelassen werden. Der Spieler muß außerhalb des Grüns den nächsten Punkt zu dem bestimmen, wo der Ball liegt, jedoch nicht näher zum Loch, auch nicht in einem Hindernis oder auf einem Grün (Punkt A).
Von diesem Punkt aus darf der Ball innerhalb einer Schlägerlänge (Punkt B) fallengelassen werden, unter der Voraussetzung, daß der Punkt B weder näher zum Loch liegt, noch in einem Hindernis oder auf einem Grün.

Indice italiano
Indice italiano
Italienischer index

Indice italiano
Indice italiano
Italienischer index

Indice italiano
Indice italiano
Italienischer index

Acqua occasionale (Definizioni e procedure), 8
Alzare la palla (Definizioni e procedure), 13
Appoggiare il bastone nel bunker (Nel bunker), 117
Appoggiare il bastone sull'ostacolo (Nell'ostacolo d'acqua), 95
Appoggiare il putt davanti alla palla (Sul green), 133
Appoggiare la sacca o i bastoni nel bunker (Nel bunker), 114
Arrestare il movimento discendente (Downswing) (In altre situazioni), 152
Bunker (Definizioni e procedure), 6
Colpire la palla più di una volta (In altre situazioni), 153
Condizioni anormali del terreno (Definizioni e procedure), 7
Consentire di essere riparato con un ombrello da un'altra persona (Sul green), 142
Consiglio (Definizioni e procedure), 19
Droppare in modo errato la palla (In altre situazioni), 152
Droppare la palla (Definizioni e procedure), 29
Dubbi sulla procedura (In altre situazioni), 155
Due palle che giacciono vicine (Nel bunker), 110
Due palle che giacciono vicine (Nel fairway), 58
Due palle che giacciono vicine (Nel rough), 73
Eseguire il colpo coi piedi sull'estensione della linea del putt (Sul green), 140
Eseguire il colpo stando coi piedi a cavalcioni sulla linea del putt (Sul green), 140
Eseguire il colpo stando coi piedi dall'altra parte della buca (Sul green), 139
Eseguire il secondo colpo (Nel fairway), 55
Farsi aiutare da un altro giocatore (Nell'ostacolo d'acqua), 94
Fuori limite (Definizioni e procedure), 9
Giocare il colpo successivo dal punto dove era stato giocato il colpo precedente (Definizioni e procedure), 25
Giocare la palla dall'area di partenza (Sull'area di partenza), 47
Giocare la palla fuori dai limiti dell'area di partenza (Sull'area di partenza), 48
Giocare sul green dopo aver completato la buca (Sul green), 144
Giocare un colpo con l'asta della bandiera in mano (Sul green), 134
Giocare una palla diversa (Sul green), 133
Giocare una palla sbagliata (Nel bunker), 119
Giocare una palla sbagliata (Nel fairway), 61
Giocare una palla sbagliata (Nel rough), 79
Impedimenti sciolti (Definizioni e procedure), 4
Inclinare l'asta della bandiera nella buca (Nell'avant-green), 127
Indicare la linea del putt (Sul green), 135
Indicare la linea di gioco (Nel fairway), 62
Indicare la linea di gioco (Nel rough), 83
Indicare la sua linea di gioco con un bastone (Nel fairway), 61
Irrigatore sulla linea di gioco (Nell'avant-green), 123
Lasciare i rifiuti negli appositi cestini (Cortesia sul campo), 42
Linea del putt (Definizioni e procedure), 10
Linea di gioco (Definizioni e procedure), 10
Livellare la sabbia del bunker dopo aver mancato il colpo (Nel bunker), 118
Livellare le pedate nel bunker (Cortesia sul campo), 38
Mantenersi di fronte al giocatore che esegue un colpo (Cortesia sul campo), 40
Marcare la posizione di una palla (Definizioni e procedure), 12
Non appoggiare la sacca sul green o nel bunker (Cortesia sul campo), 38
Non arrecare danni al green coi chiodi delle scarpe (Cortesia sul campo), 39
Non eseguire un colpo prima che i giocatori che vi precedono siano fuori tiro (Cortesia sul campo), 42
Non far passare i carrelli da golf sul green (Cortesia sul campo), 41
Non togliere la palla dalla buca col putt (Cortesia sul campo), 37
Numero massimo di bastoni (Definizioni e procedure), 19
Ostacoli (Definizioni e procedure), 4
Ostacoli d'acqua (Definizioni e procedure), 5

Indice italiano
Indice italiano
Italienischer index

Ostruzione che interferisce con il movimento che si intende effettuare (Nel fairway), 68
Ostruzione che interferisce con l'area del movimento che si intende effettuare (Nel rough), 84
Ostruzione sulla linea di gioco (Nel fairway), 68
Ostruzione sulla linea di gioco (Nel rough), 83
Ostruzioni (Definizioni e procedure), 3
Ovviare all'interferenza con condizioni anormali del terreno (Definizioni e procedure), 20
Ovviare all'interferenza con un'ostruzione inamovibile (Definizioni e procedure), 26
Palla accanto ad un irrigatore (Nel fairway), 56
Palla accanto ad un irrigatore (Nell'avant-green), 123
Palla accanto ad un paletto del fuori limite (In altre situazioni), 154
Palla accanto ad un terreno coperto di neve (Nel fairway), 65
Palla accanto ad un terreno coperto di neve (Nel rough), 82
Palla accanto ad un'arancia (Nel bunker), 113
Palla accanto ad una bottiglia (Nel fairway), 57
Palla accanto ad una bottiglia (Nel rough), 74
Palla accanto ad una pietra sciolta (Nel rough), 76
Palla accanto ad una pigna (Nel fairway), 59
Palla accanto ad una pozzanghera (Nel fairway), 60
Palla accanto ad una pozzanghera (Nel rough), 80
Palla appoggiata ad un rastrello (Nel bunker), 108
Palla appoggiata ad un rastrello che rotola in un bunker (Nel bunker), 118
Palla appoggiata contro l'asta della bandiera (Nell'avant-green), 126
Palla completamente infossata nella sabbia (Nel bunker), 111
Palla coperta di fango (Nell'ostacolo d'acqua), 91
Palla coperta di fango (Non identificata) (Nel fairway), 63
Palla coperta di fango (Non identificata) (Nel rough), 77
Palla che cade dal supporto nel fare lo swing all'indietro o un movimento di prova (Sull'area di partenza), 49
Palla che cade dal supporto quando il giocatore prende posizione sulla palla (Sull'area di partenza), 49
Palla che colpisce il giocatore che custodisce l'asta della bandiera (Sul green), 145
Palla che colpisce il giocatore o il suo partner (In altre situazioni), 156
Palla che colpisce l'asta della bandiera (Nell'avant-green), 125
Palla che colpisce l'asta della bandiera appoggiata per terra (Sul green), 141
Palla che colpisce l'asta della bandiera ed entra in buca (Sul green), 141
Palla che colpisce un altro giocatore (In altre situazioni), 158
Palla che colpisce un'altra palla (Sul green), 142
Palla che colpisce un'altra palla e la fa cadere in buca (Sul green), 144
Palla che colpisce un'altra palla e poi cade in buca (Sul green), 143
Palla che colpisce una palla ferma (Nel fairway), 59
Palla che entra direttamente in un ostacolo d'acqua (Nell'ostacolo d'acqua), 96
Palla che entra direttamente in un ostacolo d'acqua laterale (Nell'ostacolo d'acqua), 98
Palla che giace dentro un bicchiere (Nel fairway), 75
Palla che giace in una pozzanghera o dietro di essa (Sul green), 138
Palla che giace sopra o contro un ramoscello (Nel bunker), 107
Palla che giace sopra o contro un ramoscello (Nell'ostacolo d'acqua), 89
Palla che giace su di un ramoscello (Nel fairway), 58
Palla che giace su un ponte (Nell'ostacolo d'acqua), 91
Palla che giace su una lattina (Nel fairway), 57
Palla che giace sul terreno ammucchiato da un animale scavatore (Nel rough), 85
Palla che giace vicino ad una tubazione (Nell'ostacolo d'acqua), 90
Palla che giace vicino o sopra una vecchia buca (Sul green), 136
Palla che ne colpisce un'altra sul green (Nell'avant-green), 127
Palla che rimane sopra agli abiti del giocatore o il suo equipaggiamento (In altre situazioni), 157
Palla che rimane in bilico sull'orlo della buca (Sul green), 139

Indice italiano
Indice italiano
Italienischer index

Palla che si muove dopo che il giocatore ha preso posizione su di essa (In altre situazioni), 154
Palla che supera un ostacolo d'acqua e che poi vi cade dentro (Nell'ostacolo d'acqua), 97
Palla ferma mossa da un carrello o da un golf cart (In altre situazioni), 160
Palla ferma mossa da un golf cart usato da due giocatori (In altre situazioni), 161
Palla fuori limite (In altre situazioni), 149
Palla giocata da un ostacolo d'acqua che rimane dietro una pietra nell'ostacolo d'acqua (Nell'ostacolo d'acqua), 100
Palla giocata da un ostacolo d'acqua, persa o fuori limite (Nell'ostacolo d'acqua), 102
Palla giocata da un posto sbagliato (In altre situazioni), 150
Palla in bilico sull'orlo della buca (Nell'avant-green), 126
Palla in movimento deviata da un carrello o da un golf cart (In altre situazioni), 159
Palla in movimento deviata da un golf cart usato da due giocatori (In altre situazioni), 160
Palla in terreno in riparazione (Nel fairway), 64
Palla in un ostacolo d'acqua vicino ad un paletto (Nell'ostacolo d'acqua), 92
Palla in un'isola del bunker (Nel bunker), 112
Palla in una pozzanghera (Nel bunker), 110
Palla in una pozzanghera (Nel fairway), 60
Palla in una pozzanghera (Nel rough), 81
Palla infossata (Nel bunker), 111
Palla infossata (Nel fairway), 63
Palla infossata (Nel rough), 78
Palla infossata (Nell'ostacolo d'acqua), 90
Palla infossata in una scarpata erbosa (Nel bunker), 114
Palla ingiocabile (Definizioni e procedure), 14
Palla inservibile al gioco (Definizioni e procedure), 11
Palla mossa (Definizioni e procedure), 18
Palla mossa col piede (Nel fairway), 66
Palla mossa col piede (Nel rough), 84
Palla mossa durante la ricerca (Nell'ostacolo d'acqua), 93
Palla mossa nel marcarne la posizione (Nel fairway), 62
Palla mossa nel marcarne la posizione (Sul green), 137
Palla mossa nel toccare un impedimento sciolto (Nel fairway), 67
Palla mossa nel toccare un impedimento sciolto (Nel rough), 82
Palla nascosta nell'erba (Nel rough), 73
Palla nascosta tra le foglie (Nel bunker), 107
Palla nascosta tra le foglie (Nell'ostacolo d'acqua), 92
Palla nell'impronta di un piede (Nel bunker), 109
Palla o marca-palla che interferisce con il gioco di un altro giocatore (Sul green), 134
Palla persa (Definizioni e procedure), 11
Palla persa in un bunker pieno d'acqua (Nel bunker), 112
Palla provvisoria (Definizioni e procedure), 12
Palla rotta in più pezzi (In altre situazioni), 150
Palla spostata a poca distanza dal supporto (Sull'area di partenza), 50
Palla su neve o ghiaccio (Nel fairway), 65
Palla su neve o ghiaccio (Nel rough), 81
Palla su un albero (Nel fairway), 64
Palla su un albero (Nel rough), 80
Palla su un green sbagliato (In altre situazioni), 164
Palla su un irrigatore (Nel fairway), 56
Palla su un irrigatore (Nell'avant-green), 124
Palla su un sentiero artificiale (In altre situazioni), 162
Palla su una foglia (Nel rough), 77
Palla su una pietra infossata (Nel rough), 75
Palla su una pietra sciolta (Nel rough), 76
Palla sul fairway accanto ad un paletto che delimita un ostacolo d'acqua (Nel fairway), 66
Palla sull'erba tagliata ed abbandonata sul campo (Nel rough), 74

Indice italiano
Indice italiano
Italienischer index

Palla tagliata o incrinata (In altre situazioni), 151
Palla vicino ad una bottiglia (Nel bunker), 108
Palla vicino ad una bottiglia (Nell'ostacolo d'acqua), 89
Palla vicino ad una pietra (Nel bunker), 109
Palla vicino o sopra un idrante (In altre situazioni), 153
Palle che giaciono vicine non identificate (In altre situazioni), 149
Palle che si urtano in aria o in movimento (In altre situazioni), 151
Percorso (Definizioni e procedure), 6
Piazzare e ripiazzare una palla (Definizioni e procedure), 13
Ponte che ostacola l'area del movimento (Nell'ostacolo d'acqua), 95
Precedenza sul campo (Cortesia sul campo), 40
Prendere posizione sulla palla (Definizioni e procedure), 32
Provare la superficie del green (Sul green), 132
Prudenza nel fare un movimento di pratica (Cortesia sul campo), 43
Rami di alberi che ostacolano il movimento del giocatore (Nel fairway), 69
Regole invernali (Definizioni e procedure), 33
Regole locali (Definizioni e procedure), 33
Restare sulla linea del putt (Sul green), 135
Riconsegnare la carta (In altre situazioni), 155
Ridroppare la palla (Definizioni e procedure), 30
Rimuovere foglie dal green (Sul green), 137
Rimuovere la sabbia dall'avant-green (Nell'avant-green), 125
Rimuovere la sabbia esistente sulla linea del putt (Sul green), 132
Riparare i danni provocati dall'impatto di una palla (Pitch-mark) (Sul green), 131
Riparare il segno dell'impatto di una palla sul green (Cortesia sul campo), 39
Riparare il segno dell'impatto di una palla sulla linea di gioco (Nell'avant-green), 124
Riparare la buca prima di eseguire un colpo (Sul green), 138
Riparare le impronte lasciate dai chiodi delle scarpe (Sul green), 131
Ripararsi con un ombrello mentre si esegue un colpo (Sul green), 143
Ripiazzare le zolle (Cortesia sul campo), 37
Schiacciare dietro la palla (Nel fairway), 55
Schiacciare dietro la palla (Nel rough), 78
Schiacciare dietro la palla (Nell'ostacolo d'acqua), 94
Schiacciare dietro la palla (Sull'area di partenza), 51
Schiacciare la sabbia dietro la palla (Nel bunker), 113
Sfiorare la palla senza farla cadere dal supporto (Colpo a vuoto) (Sull'area di partenza), 50
Siate gentili coi vostri compagni di gioco, evitate le brutte maniere (Cortesia sul campo), 43
Sistemare la superficie del bunker prima di eseguire il colpo (Nel bunker), 116
Sostituire la palla (Definizioni e procedure), 18
Strappare l'erba intorno alla palla (Nel rough), 79
Supportare la palla nell'area di partenza (Sull'area di partenza), 48
Terreno in riparazione (Definizioni e procedure), 8
Toccare delle foglie o dei ramoscelli nel fare il movimento all'indietro (Backswing) (Nel bunker), 116
Toccare i rami o l'erba nel fare il movimento all'indietro (Backswing) (Nell'ostacolo d'acqua), 93
Toccare la linea del putt (Sul green), 136
Toccare la sabbia nel fare il movimento all'indietro (Backswing) (Nel bunker), 115
Toccare la scarpata di sabbia nel fare il movimento all'indietro (Backswing) (Nel bunker), 115
Toccare la vegetazione che cresce nel bunker nel fare il movimento all'indietro (Backswing) (Nel bunker), 117
Utilizzare correttamente i golf carts (Cortesia sul campo), 41
Verifica e dichiarazione del vantaggio (Sull'area di partenza), 51

Indice spagnolo
Indice español
Spanischer index

Indice spagnolo
Indice español
Spanischer index

Indice spagnolo
Indice español
Spanischer index

Agua accidental (Definiciones y procedimientos), 8
Alisar la arena del bunker después de fallar el golpe (En los bunkers), 118
Alisar las pisadas en el bunker (Cortesía en el campo), 38
Alivio de una obstrucción inamovible (Definiciones y procedimientos), 26
Alivio en condiciones anormales del terreno (Definiciones y procedimientos), 20
Apoyar el palo en el bunker (En los bunkers), 117
Apoyar el palo en el obstáculo (En los obstáculos de agua), 95
Apoyar la bolsa o los palos en el bunker (En los bunkers), 114
Arrancar la hierba junto a la bola (En el rough), 79
Arreglar el agujero antes de ejecutar un golpe (En el green), 138
Arreglar el pique en la línea de juego (En el antegreen), 124
Arreglar huellas de los clavos de zapatos (En el green), 131
Arreglar la superficie del bunker antes de ejecutar el golpe (En los bunkers), 116
Arreglar los piques de la bola en el green (Cortesía en el campo), 39
Arreglar piques de la bola (En el green), 131
Aspersor en la línea de juego (En el antegreen), 123
Ayudarse por otro jugador (En los obstáculos de agua), 94
Bola apoyada contra la bandera (En el antegreen), 126
Bola apoyada en un rastrillo (En los bunkers), 108
Bola apoyada en un rastrillo que rueda a un bunker (En los bunkers), 118
Bola colgando sobre el borde de la agujero (En el antegreen), 126
Bola colgando sobre el borde del agujero (En el green), 139
Bola cortada o rajada (En otras situaciones), 151
Bola cubierta de barro (En los obstáculos de agua), 91
Bola cubierta de barro (Sin identificar) (En el rough), 77
Bola cubierta de barro (Sin identificar) (En la calle), 63
Bola dentro de un obstáculo de agua junto a una estaca (En los obstáculos de agua), 92
Bola desplazada a poca distancia del soporte (En el lugar de salida), 50
Bola empotrada en el talud de hierba (En los bunkers), 114
Bola empotrada o clavada (En el rough), 78
Bola empotrada o clavada (En la calle), 63
Bola empotrada o clavada (En los bunkers), 111
Bola empotrada o clavada (En los obstáculos de agua), 90
Bola en calle próxima a una estaca de un obstáculo de agua (En la calle), 66
Bola en la huella de una pisada (En los bunkers), 109
Bola en la ropa del propio jugador o en su equipo (En otras situaciones), 157
Bola en movimiento desviada por un carro o coche (En otras situaciones), 159
Bola en movimiento desviada por un coche compartido (En otras situaciones), 160
Bola en reposo movida por un carro o coche (En otras situaciones), 160
Bola en reposo movida por un coche compartido (En otras situaciones), 161
Bola en terreno en reparación (En la calle), 64
Bola en un árbol (En la calle), 64
Bola en un bunker totalmente lleno de agua (En los bunkers), 112
Bola en un charco de agua (En el rough), 81
Bola en un charco de agua (En la calle), 60
Bola en un charco de agua (En los bunkers), 110
Bola en un green equivocado (En otras situaciones), 164
Bola en un montón de hierba abandonada (En el rough), 74
Bola en una isla del bunker (En los bunkers), 112
Bola enterrada en la arena (En los bunkers), 111
Bola escondida en la hierba (En el rough), 73
Bola fuera de límites (En otras situaciones), 149
Bola injugable (Definiciones y procedimientos), 14
Bola inservible para el juego (Definiciones y procedimientos), 11
Bola jugada en un obstáculo de agua perdiéndose fuera de él o quedando fuera de límites (En los obstáculos de agua), 102
Bola jugada en un obstáculo de agua quedando la bola detrás de una piedra en el obstáculo de agua (En los obstáculos de agua), 100

Indice spagnolo
Indice español
Spanischer index

Bola junto a un aspersor (En el antegreen), 123
Bola junto a un aspersor (En la calle), 56
Bola junto a un charco de agua (En el rough), 80
Bola junto a un charco de agua (En la calle), 60
Bola junto a una botella (En el rough), 74
Bola junto a una botella (En la calle), 57
Bola junto a una botella (En los bunkers), 108
Bola junto a una botella (En los obstáculos de agua), 89
Bola junto a una estaca de fuera de límites (En otras situaciones), 154
Bola junto a una naranja (En los bunkers), 113
Bola junto a una piedra (En los bunkers), 109
Bola junto a una piedra no fija (En el rough), 76
Bola junto a una piña (En la calle), 59
Bola junto o sobre una manguera (En otras situaciones), 153
Bola junto o sobre una rama (En los bunkers), 107
Bola junto o sobre una rama (En los obstáculos de agua), 89
Bola movida (Definiciones y procedimientos), 18
Bola movida al buscarla (En los obstáculos de agua), 93
Bola movida al tratar de marcarla (En el green), 137
Bola movida al tratar de marcarla (En la calle), 62
Bola movida con el pie (En el rough), 84
Bola movida con el pie (En la calle), 66
Bola o marca que interfiere en el juego de otro jugador (En el green), 134
Bola oculta por hojas (En los bunkers), 107
Bola oculta por hojas (En los obstáculos de agua), 92
Bola perdida (Definiciones y procedimientos), 11
Bola provisional (Definiciones y procedimientos), 12
Bola próxima a un terreno cubierto por nieve (En la calle), 65
Bola próxima a un terreno cubierto por nieve (En el rough), 82
Bola que cae del soporte al hacer el swing hacia atrás o un swing de prueba (En el lugar de salida), 49
Bola que cae del soporte al preparar el golpe (En el lugar de salida), 49
Bola que cruza un obstáculo de agua y entra después en él (En los obstáculos de agua), 97
Bola que entra directamente en un obstáculo de agua lateral (En los obstáculos de agua), 98
Bola que entra directamente en un obstáculo de agua (En los obstáculos de agua), 96
Bola que golpea a otra bola (En el green), 142
Bola que golpea a otra bola entrando la primera en el agujero (En el green), 143
Bola que golpea a otra en reposo (En la calle), 59
Bola que golpea a otra entrando ésta en el agujero (En el green), 144
Bola que golpea a otra sobre el green (En el antegreen), 127
Bola que golpea a otro jugador (En otras situaciones), 158
Bola que golpea al jugador que atiende la bandera (En el green), 145
Bola que golpea al propio jugador o a su compañero (En otras situaciones), 156
Bola que golpea la bandera (En el antegreen), 125
Bola que golpea la bandera en el suelo (En el green), 141
Bola que golpea la bandera y entra en el agujero (En el green), 141
Bola que reposa dentro de un vaso (En el rough), 75
Bola que reposa en o detrás de un charco de agua (En el green), 138
Bola que reposa en un desecho de animal de madriguera (En el rough), 85
Bola que reposa junto a una tubería (En los obstáculos de agua), 90
Bola que reposa junto o sobre una tapa de un hoyo antiguo (En el green), 136
Bola que reposa sobre un bote (En la calle), 57
Bola que reposa sobre un puente (En los obstáculos de agua), 91
Bola que reposa sobre una rama (En la calle), 58
Bola que se mueve al tocar un impedimento suelto (En el rough), 82
Bola que se mueve al tocar un impedimento suelto (En la calle), 67

Indice spagnolo
Indice español
Spanischer index

Bola que se mueve después de preparar el golpe (En otras situaciones), 154
Bola rota en pedazos (En otras situaciones), 150
Bola sobre nieve o hielo (En el rough), 81
Bola sobre nieve o hielo (En la calle), 65
Bola sobre un árbol (En el rough), 80
Bola sobre un aspersor (En el antegreen), 124
Bola sobre un aspersor (En la calle), 56
Bola sobre un camino artificial (En otras situaciones), 162
Bola sobre una hoja (En el rough), 77
Bola sobre una piedra fija (En el rough), 75
Bola sobre una piedra no fija (En el rough), 76
Bolas próximas sin identificar (En otras situaciones), 149
Bolas que chocan en el aire o rodando (En otras situaciones), 151
Bunkers (Definiciones y procedimientos), 6
Cambiar la bola (Definiciones y procedimientos), 18
Colocación de la bola en el lugar de salida (En el lugar de salida), 48
Colocar el putt delante de la bola (En el green), 133
Colocar y reponer una bola (Definiciones y procedimientos), 13
Colocarse en la línea de putt (En el green), 135
Condiciones anormales del terreno (Definiciones y procedimientos), 7
Dar paso a otros jugadores (Cortesía en el campo), 40
Depositar los desperdicios en las papeleras (Cortesía en el campo), 42
Devolución de la tarjeta (En otras situaciones), 155
Dos bolas juntas o próximas entre sí (En el rough), 73
Dos bolas juntas o próximas entre sí (En la calle), 58
Dos bolas juntas o próximas entre sí (En los bunkers), 110
Dropar incorrectamente la bola (En otras situaciones), 152
Dropar la bola (Definiciones y procedimientos), 29
Dudas en cuanto a la forma de proceder (En otras situaciones), 155
Ejecutar el golpe con los pies a horcajadas de la línea de putt (En el green), 140
Ejecutar el golpe con los pies al otro lado del agujero (En el green), 139
Ejecutar el golpe con los pies en la prolongación de la línea de putt (En el green), 140
Evitar dañar los greenes con los clavos de los zapatos (Cortesía en el campo), 39
Fuera de límites (Definiciones y procedimientos), 9
Golpear varias veces la bola (En otras situaciones), 153
Impedimentos sueltos (Definiciones y procedimientos), 4
Inclinar la bandera en el agujero (En el antegreen), 127
Indicación de línea de juego (En la calle), 62
Indicar la línea de juego (En el rough), 83
Indicar la línea de putt (En el green), 135
Indicarse la línea de juego con un palo (En la calle), 61
Interrumpir el swing (En otras situaciones), 152
Jugar desde fuera del lugar de salida (En el lugar de salida), 48
Jugar el golpe siguiente desde donde se jugó el golpe anterior (Definiciones y procedimientos), 25
Jugar el segundo golpe (En la calle), 55
Jugar en el green una vez terminado el hoyo (En el green), 144
Jugar la bola en el lugar de salida (En el lugar de salida), 47
Jugar un golpe con la bandera en la mano (En el green), 134
Jugar una bola desde un lugar equivocado (En otras situaciones), 150
Jugar una bola distinta (En el green), 133
Jugar una bola equivocada (En el rough), 79
Jugar una bola equivocada (En la calle), 61
Jugar una bola equivocada (En los bunkers), 119
Levantar una bola (Definiciones y procedimientos), 13
Línea de juego (Definiciones y procedimientos), 10
Línea de putt (Definiciones y procedimientos), 10

Indice spagnolo
Indice español
Spanischer index

Marcar la posición de una bola (Definiciones y procedimientos), 12
No apoyar la bolsa en el green o en el bunker (Cortesía en el campo), 38
No jugar la bola hasta que el equipo anterior esté fuera del alcance (Cortesía en el campo), 42
No pasar los carros por el green (Cortesía en el campo), 41
No sacar la bola del agujero con el putt (Cortesía en el campo), 37
Número máximo de palos (Definiciones y procedimientos), 19
Obstáculos (Definiciones y procedimientos), 4
Obstáculos de agua (Definiciones y procedimientos), 5
Obstrucción en la línea de juego (En el rough), 83
Obstrucción en la línea de juego (En la calle), 68
Obstrucción que interfiere con el área del swing (En la calle), 68
Obstrucción que interfiere con el área del swing (En el rough), 84
Obstrucciones (Definiciones y procedimientos), 3
Pedir consejo (Definiciones y procedimientos), 19
Permitir la protección de otra persona con paraguas (En el green), 142
Pisar detrás de la bola (En el lugar de salida), 51
Pisar detrás de la bola (En el rough), 78
Pisar detrás de la bola (En la calle), 55
Pisar detrás de la bola (En los obstáculos de agua), 94
Pisar la arena detrás de la bola (En los bunkers), 113
Preparar el golpe (Definiciones y procedimientos), 32
Probar la superficie del green (En el green), 132
Protegerse uno mismo con el paraguas al ejecutar un golpe (En el green), 143
Puente que dificulta el área del swing (En los obstáculos de agua), 95
Quitar hojas del green (En el green), 137
Quitar la arena de la línea de putt (En el green), 132
Quitar la arena en el collar del green (En el antegreen), 125
Ramas de árbol que dificultan el swing (En la calle), 69
Recorrido (Definiciones y procedimientos), 6
Reglas de invierno (Definiciones y procedimientos), 33
Reglas locales (Definiciones y procedimientos), 33
Reponer las chuletas (Cortesía en el campo), 37
Rozar la bola sin que ésta caiga del soporte (Golpe al aire) (En el lugar de salida), 50
Sea cortés con sus compañeros evitando los modales inapropiados (Cortesía en el campo), 43
Situarse enfrente del jugador que efectúa el golpe (Cortesía en el campo), 40
Tener prudencia al hacer el swing de prueba (Cortesía en el campo), 43
Terreno en reparación (Definiciones y procedimientos), 8
Tocar el talud de arena al hacer el swing hacia atrás (En los bunkers), 115
Tocar hojas o ramas sueltas al hacer el swing hacia atrás (En los bunkers), 116
Tocar la arena al hacer el swing hacia atrás (En los bunkers), 115
Tocar la línea de putt (En el green), 136
Tocar la vegetación que crece en el bunker al hacer el swing hacia atrás
(En los bunkers), 117
Tocar las ramas o la hierba al hacer el swing hacia atrás (En los obstáculos de agua), 93
Utilizar correctamente los coches de golf (Cortesía en el campo), 41
Verificación y declaración del hándicap (En el lugar de salida), 51
Volver a dropar al bola (Definiciones y procedimientos), 30

Indice tedesco
Indice alemán
Deutscher index

Indice tedesco
Indice alemán
Deutscher index

Indice tedesco
Indice alemán
Deutscher index

Ablegen von Golftasche oder-schlägern im Bunker (Im Bunker), 114
Ansprechen des Balls (Definitionen und Verfahren), 32
Anzeigen der Puttlinie (Auf dem Grün), 135
Aufsetzen des Balls am Abschlag (Am Abschlag), 48
Aufsetzen des Putters vor den Ball (Auf dem Grün), 133
Aufsetzen des Schlägers im Bunker (Im Bunker), 117
Aufsetzen des Schlägers im Hindernis (Im Wasserhindernis), 95
Aus (Definitionen und Verfahren), 9
Ausbessern von Balleinschlaglöchern (Auf dem Grün), 131
Ausbessern von Spuren der Nagelschuhe (Auf dem Grün), 131
Ausführen des Schlags mit den Füßen auf beiden Seiten der Puttlinie (Auf dem Grün), 140
Ausführen des Schlags mit den Füßen in der Verlängerung der Puttlinie (Auf dem Grün), 140
Ausführen eines Schlages mit der Fahne in der Hand (Auf dem Grün), 134
Ausführen eines Schlags mit den Füßen auf der anderen Seite des Lochs (Auf dem Grün), 139
Austausch des Balls (Definitionen und Verfahren), 18
Ball auf dem Fairway dicht bei einer Wasserhindernismarkierung (Auf dem Fairway), 66
Ball auf einem Blatt (Im Rough), 77
Ball auf einem falschen Grün (In anderen Situationen), 164
Ball auf einem festen Stein (Im Rough), 75
Ball auf einem künstlichen Weg (In anderen Situationen), 162
Ball auf einem losen Stein (Im Rough), 76
Ball auf einer Insel im Bunker (Im Bunker), 112
Ball auf Schnee oder Eis (Im Rough), 81
Ball aufnehmen (Definitionen und Verfahren), 13
Ball beim Markieren bewegt (Auf dem Grün), 137
Ball beim Suchen bewegt (Im Wasserhindernis), 93
Ball berührt den Spieler, der die Fhane bedient (Auf dem Grün), 145
Ball berührt die Fahne auf dem Boden (Auf dem Grün), 141
Ball berührt die Fahne und fällt ins Loch (Auf dem Grün), 141
Ball berührt einen anderen Ball (Auf dem Grün), 142
Ball berührt einen anderen Ball auf dem Grün (Auf dem Vorgrün), 127
Ball berührt einen anderen Ball und fällt danach ins Loch (Auf dem Grün), 143
Ball berührt einen anderen, der daraufhin ins Loch fällt (Auf dem Grün), 144
Ball berührt einen anderen in Ruhe befindlichen Ball (Auf dem Fairway), 59
Ball beschädigt oder zerkratzt (In anderen Situationen), 151
Ball bewegt (Definitionen und Verfahren), 18
Ball bewegt sich bei Berühren eines losen hinderlichen Naturstoffes (Im Rough), 82
Ball bewegt sich beim Berühren eines losen hinderlichen Naturstoffes (Auf dem Fairway), 67
Ball bewegt sich beim Markieren (Auf dem Fairway), 62
Ball bewegt sich nach dem Ansprechen (In anderen Situationen), 154
Ball bleibt am Lochrand hängen (Auf dem Grün), 139
Ball bleibt am Lochrand hängen (Auf dem Vorgrün), 126
Ball bleibt an einer Harke liegen und rollt in den Bunker (Im Bunker), 118
Ball bleibt auf einer Brücke liegen (Im Wasserhindernis), 91
Ball bleibt auf oder nahe bei der Abdeckung eines alten Lochs liegen (Auf dem Grün), 136
Ball bleibt in einem Glas liegen (Im Rough), 75
Ball bleibt in oder hinter einer Wasserpfütze liegen (Auf dem Grün), 138
Ball dicht bei einem Aus-Markierungs-Pfosten (In anderen Situationen), 154
Ball dicht bei einem losen Stein (Im Rough), 76
Ball dicht bei einem Sprengwasserauslaß (Auf dem Vorgrün), 123
Ball dicht bei einer Flasche (Im Bunker), 108
Ball dicht bei einer Flasche (Im Rough), 74
Ball dicht bei einer Flasche (Im Wasserhindernis), 89
Ball dicht bei einer Pfütze (Im Rough), 80
Ball dicht bei oder auf einem Zweig (Im Wasserhindernis), 89
Ball dicht bei schneebedecktem Boden (Im Rough), 82
Ball ein kurzes Stück vom Tee bewegt (Am Abschlag), 50

Indice tedesco
Indice alemán
Deutscher index

Ball eingebettet (Auf dem Fairway), 63
Ball eingebettet (Im Rough), 78
Ball eingebettet (Im Wasserhindernis), 90
Ball fallenlassen (Definitionen und Verfahren), 29
Ball fällt beim Ansprechen vom Tee (Am Abschlag), 49
Ball fällt direkt in ein seitliches Wasserhindernis (Im Wasserhindernis), 98
Ball fällt direkt in ein Wasserhindernis (Im Wasserhindernis), 96
Ball fällt vom Tee beim Aufschwung oder Probeschwung (Am Abschlag), 49
Ball fliegt über ein Wasserhindernis und fällt danach hinein (Im Wasserhindernis), 97
Ball hinlegen und zurücklegen (Definitionen und Verfahren), 13
Ball im Aus (In anderen Situationen), 149
Ball im Sand vergraben (Im Bunker), 111
Ball im Sprengwasserauslaß (Auf dem Fairway), 56
Ball im Wasserhindernis dicht bei einem Markierungspfosten (Im Wasserhindernis), 92
Ball im Wasserhindernis gespielt, wobei der Ball hinter einem Stein im Wasserhindernis liegenbleibt (Im Wasserhindernis), 100
Ball in angehäuftem abgeschnittenem Gras (Im Rough), 74
Ball in Bewegung wird vom gemeinsam genutzten Golfauto abgeleitet (In anderen Situationen), 160
Ball in Bewegung wird durch einen Golfwagen oder ein Golfauto abgeleitet (In anderen Situationen), 159
Ball in Boden in Ausbesserung (Auf dem Fairway), 64
Ball in der Kleidung des Spielers oder in seiner Ausrüstung (In anderen Situationen), 157
Ball in einem Baum (Auf dem Fairway), 64
Ball in einem Baum (Im Rough), 80
Ball in einem Sprengwasserauslaß (Auf dem Vorgrün), 124
Ball in einer Pfütze (Im Rough), 81
Ball in einer Wasserpfütze (Im Bunker), 110
Ball in Ruheposition wird von einem gemeinsam genutzten Golfauto bewegt (In anderen Situationen), 161
Ball in Ruheposition wird von einem Wagen oder Auto bewegt (In anderen Situationen), 160
Ball in Schnee oder Eis (Auf dem Fairway), 65
Ball in seinem eigenen Einschlagloch eingebettet (Im Bunker), 111
Ball in Stücke zerrissen (In anderen Situationen), 150
Ball liegt auf einem Zweig (Auf dem Fairway), 58
Ball liegt auf einer Büchse (Auf dem Fairway), 57
Ball liegt bei einer Pfütze (Auf dem Fairway), 60
Ball liegt dicht bei einem Tannenzapfen (Auf dem Fairway), 59
Ball liegt dicht bei einer Orange (Im Bunker), 113
Ball liegt dicht bei schneebedecktem Boden (Auf dem Fairway), 65
Ball liegt in der Nähe eines Rohres (Im Wasserhindernis), 90
Ball liegt in der Spur eines höhlengrabenden Tieres (Im Rough), 85
Ball liegt in der Vertiefung eines Fußabdrucks (Im Bunker), 109
Ball liegt in einem mit Wasser gefüllten Bunker (Im Bunker), 112
Ball liegt in einer Pfütze (Auf dem Fairway), 60
Ball liegt neben einer Flasche (Auf dem Fairway), 57
Ball mit dem Fuß bewegt (Auf dem Fairway), 66
Ball mit dem Fuß bewegt (Im Rough), 84
Ball mit Schmutz bedeckt (Nicht identifiziert) (Auf dem Fairway), 63
Ball mit Schmutz bedeckt (Im Wasserhindernis), 91
Ball mit Schmutz bedeckt (Nicht identifiziert) (Im Rough), 77
Ball nahe bei einem Sprengwasserauslaß (Auf dem Fairway), 56
Ball nahe bei einem Stein (Im Bunker), 109
Ball nahe bei oder auf einem Wasserschlauch (In anderen Situationen), 153
Ball nahe bei oder auf einem Zweig (Im Bunker), 107
Ball rollt gegen eine Harke (Im Bunker), 108
Ball schlägt gegen die Fahne (Auf dem Vorgrün), 125

Indice tedesco
Indice alemán
Deutscher index

Ball spielunbrauchbar (Definitionen und Verfahren), 11
Ball steckt in der grasbewachsenen Bunkerböschung fest (Im Bunker), 114
Ball trifft den Spieler selbst oder seinen Spielpartner (In anderen Situationen), 156
Ball trifft einen anderen Spieler (In anderen Situationen), 158
Ball unspielbar (Definitionen und Verfahren), 14
Ball von Blättern bedeckt (Im Bunker), 107
Ball von Blättern verdeckt (Im Wasserhindernis), 92
Ball von der Fahne gehalten (Auf dem Vorgrün), 126
Ball von Gras bedeckt (Im Rough), 73
Bälle berühren sich in der Luft oder in Bewegung (In anderen Situationen), 151
Balleinschlaglöcher auf dem Grün ausbessern (Etikette auf dem Platz), 39
Behinderung des Spiels eines anderen Spielers durch den Ball oder den Ball-Marker (Auf dem Grün), 134
Belehrung (Definitionen und Verfahren), 19
Berühren der Bunkerböschung bei Durchführung des Rückschwungs (Im Bunker), 115
Berühren der Pflanzen, die im Bunker wachsen, bei Durchführung des Rückschwungs (Im Bunker), 117
Berühren der Puttlinie (Auf dem Grün), 136
Berühren der Zweige oder des Grases beim Aufschwung (Im Wasserhindernis), 93
Berühren des Sandes bei der Durchführung des Rückschwungs (Im Bunker), 115
Berühren von Blättern oder Zweigen bei der Durchführung des Rückschwungs (Im Bunker), 116
Bestimmen der Spiellinie (Auf dem Fairway), 62
Bestimmen der Spiellinie (Im Rough), 83
Bestimmen der Spiellinie mit dem Schläger (Auf dem Fairway), 61
Blätter vom Grün entfernen (Auf dem Grün), 137
Boden in Ausbesserung (Definitionen und Verfahren), 8
Brücke erschwert den Schwung (Im Wasserhindernis), 95
Bunker (Definitionen und Verfahren), 6
Bunker einebnen (Etikette auf dem Platz), 38
Den Abfall in Mülltonnen werfen (Etikette auf dem Platz), 42
Den Ball falsch fallenlassen (In anderen Situationen), 152
Den Ball mehrmals treffen (In anderen Situationen), 153
Den Ball streifen, ohne daß dieser vom Tee fällt (Luftschlag), (Am Abschlag), 50
Den Ball vom Abschlag spielen (Am Abschlag), 47
Spielen von außerhalb des Abschlags (Am Abschlag), 48
Den Sand hinter dem Ball festtreten (Im Bunker), 113
Die Fahne schief ins Loch stellen (Auf dem Vorgrün), 127
Divots einsentzen (Etikette auf dem Platz), 37
Durchspielenlassen (Etikette auf dem Platz), 40
Ein im Wasserhindernis gespielter Ball geht außerhalb verloren oder ins Aus (Im Wasserhindernis), 102
Einen falschen Ball spielen (Auf dem Fairway), 61
Entfernen des Sandes auf dem Vorgrün (Auf dem Vorgrün), 125
Entfernen von Sand aus der Puttlinie (Auf dem Grün), 132
Erlaubnis, eine andere Person mit dem Regenschirm zu schützen (Auf dem Grün), 142
Erleichterung bei unbeweglichen Hemmnissen (Definitionen und Verfahren), 26
Erleichterung bei ungewöhnlinchen Bodenverhältnissen (Definitionen und Verfahren), 20
Erneutes Fallenlassen des Balls (Definitionen und Verfahren), 30
Gelände (Definitionen und Verfahren), 6
Glätten der Bunkeroberfläche vor Ausübung des Schlages (Im Bunker), 116
Glätten des Bunkersandes nach einem Fehlschlag (Im Bunker), 118
Gras nahe beim Ball herausreißen (Im Rough), 79
Hemmnis beeinträchtigt den Raum des Schwungs (Auf dem Fairway), 68
Hemmnis behindert den Raum des Schwungs (Im Rough), 84
Hemmnis in der Spiellinie (Auf dem Fairway), 68
Hemmnis in der Spiellinie (Im Rough), 83

Indice tedesco
Indice alemán
Deutscher index

Hemmnisse (Definitionen und Verfahren), 3
Hilfe von einem anderen Spieler (Im Wasserhindernis), 94
Hindernisse (Definitionen und Verfahren), 4
Hinter den Ball treten (Am Abschlag), 51
Hinter den Ball treten (Auf dem Fairway), 55
Hinter den Ball treten (Im Wasserhindernis), 94
Höchstzahl von Schlägern (Definitionen und Verfahren), 19
In die Puttlinie stellen (Auf dem Grün), 135
Lose hinderliche Naturstoffe (Definitionen und Verfahren), 4
Markierung des Balls (Definitionen und Verfahren), 12
Mit Gofwagen nicht über das Grün fahren (Etikette auf dem Platz), 41
Nach Beendigung des Lochs auf dem Grün spielen (Auf dem Grün), 144
Nich spielen, bevor die vorausgehende Gruppe außer Reichweite ist (Etikette auf dem Platz), 42
Nicht den Ball mit dem Putter aus dem Loch herausnehmen (Etikette auf dem Platz), 37
Nicht die Golftasche auf dem Grün oder im Bunker ablegen (Etikette auf dem Platz), 38
Nicht identifizierte Bälle liegen dicht beieinander (In anderen Situationen), 149
Platzregeln (Definitionen und Verfahren), 33
Provisorischer Ball (Definitionen und Verfahren), 12
Puttlinie (Definitionen und Verfahren), 10
Reparieren des Lochs vor Ausführung eines Schlages (Auf dem Grün), 138
Reparieren eines Einschlagslochs in der Spiellinie (Auf dem Vorgrün), 124
Richtige Nutzung von Golfautos (Etikette auf dem Platz), 41
Rough hinter dem Ball ebnen (Im Rough), 78
Rückgabe der Zählkarten (In anderen Situationen), 155
Seien Sie höflich zu Ihren Mitspielern und vermeiden Sie unangemessenes Verhalten (Etikette auf dem Platz), 43
Seien Sie umsichtig beim Probeschwung (Etikette auf dem Platz), 43
Sich vor den schlagenden Spieler stellen (Etikette auf dem Platz), 40
Spielen des nächten Schlages von der Stelle des vorhergehenden Schlages (Definitionen und Verfahren), 25
Spielen des zweiten Schlags (Auf dem Fairway), 55
Spielen eines anderen Balls (Auf dem Grün), 133
Spielen eines Balls von einer falschen Stelle (In anderen Situationen), 150
Spielen eines falschen Balls (Im Bunker), 119
Spielen eines falschen Balls (Im Rough), 79
Spiellinie (Definitionen und Verfahren), 10
Sprengwasserauslaß in der Spiellinie (Auf dem Vorgrün), 123
Testen der Grün-Oberfläche (Auf dem Grün), 132
Überprüfung und Angabe der Vorgabe (Am Abschlag), 51
Ungewöhnliche Bodenverhältnisse (Definitionen und Verfahren), 7
Unterbrechen des Schwungs (In anderen Situationen), 152
Verlorener Ball (Definitionen und Verfahren), 11
Vermeidung von Schäden auf dem Grün durch die Spikes der Schuhe (Etikette auf dem Platz), 39
Während der Ausführung des Schlags sich selbst mit dem Regenschirm schützen (Auf dem Grün), 143
Wasserhindernisse (Definitionen und Verfahren), 5
Winterregeln (Definitionen und Verfahren), 33
Zeitweiliges Wasser (Definitionen und Verfahren), 8
Zwei Bälle liegen dicht beieinander (Auf dem Fairway), 58
Zwei Bälle liegen dicht beieinander (Im Bunker), 110
Zwei Bälle nebeneinander oder dicht beieinander (Im Rough), 73
Zweifel über die Vorgehensweise (In anderen Situationen), 155
Zweige eines Baumes erschweren den Schwung (Auf dem Fairway), 69

Note

Notas

Notizen